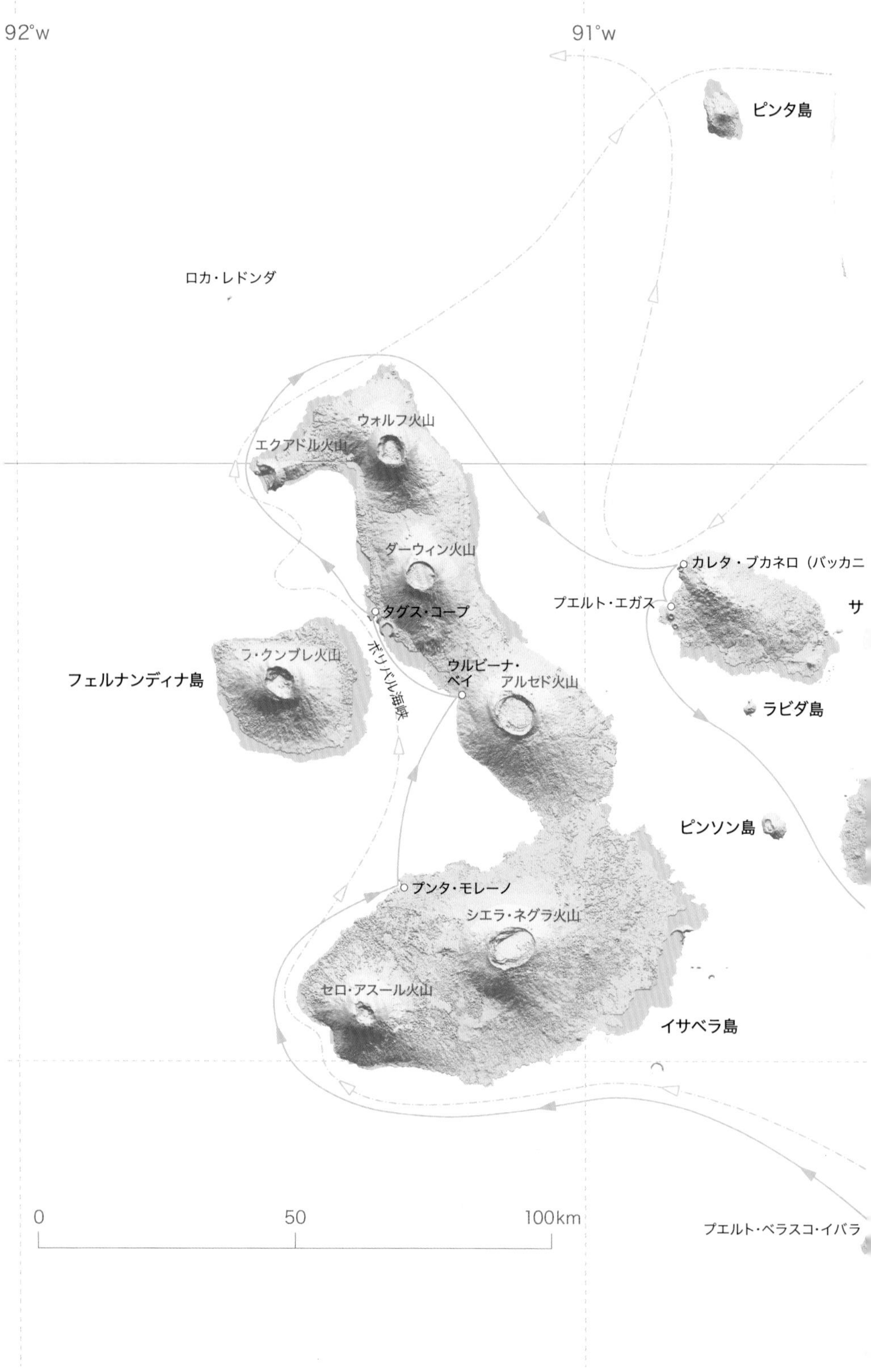
92°w
91°w
ピンタ島
ロカ・レドンダ
ウォルフ火山
エクアドル火山
ダーウィン火山
カレタ・ブカネロ（バッカニ
プエルト・エガス
サ
タグス・コーブ
フェルナンディナ島
ラ・クンブレ火山
ボリバル海峡
ウルビーナ・ベイ
アルセド火山
ラビダ島
ピンソン島
プンタ・モレーノ
シエラ・ネグラ火山
セロ・アスール火山
イサベラ島
0
50
100km
プエルト・ベラスコ・イバラ

90°w
[ガラパゴス諸島 航海図]
マーベル号の航路
(福岡伸一のルート)
ビーグル号の航路
(ダーウィンのルート)
マルチェナ島
ヘノベサ島
赤道 0°
ア・コーブ)
ンティアゴ島
ノース・セイモア島
バルトラ島
バルトラ空港
サンタ・クルス島
プエルト・アヨラ
(ここからは高速船)
サンタ・フェ島
レオン・ドルミード
セロ・ブルーホ
プエルト・バケリソ・モレノ
サン・クリストバル島
サン・クリストバル空港
1°
フロレアナ島
エスパニョラ島

生命海流

GALAPAGOS

福岡伸一

生命海流 GALAPAGOS 目次

生命海流

GALAPAGOS

福岡 伸一

ガラパゴスに行きたい——まえがきに代えて

ナチュラリスト宣言

調べる。行ってみる。確かめる。また調べる。
可能性を考える。実験してみる。
失われてしまったものに思いを馳せる。
耳をすませる。目を凝らす。風に吹かれる。
そのひとつひとつが、君に世界の記述のしかたを教える。
私はたまたま虫好きが嵩じて、こうして生物学者になったけれど、
今、君が好きなことがそのまま職業に通じる必要は全くないんだ。
大切なのは、何かひとつ好きなことがあること、
そしてその好きなことがずっと好きであり続けられること。
その旅路は驚くほど豊かで、君を一瞬たりともあきさせることがない。
それは静かに君を励ましつづける。
最後の最後まで励ましつづける。

これは、私が作った、自然を愛する者への言葉。いわばナチュラリスト宣言である。カミキリムシや蝶を求めて野山をさまよい、結局、何も採れずに帰った少年時代の日々の体験がもとになっている。でも翻って考えると、この感覚は研究者になったあとも同じである。試すこと。待つこと。そして諦めること。すべてはこれの繰り返しだった。

ガラパゴスに行きたい。これはナチュラリストとしての長年の夢だった。プロの研究者も、アマチュアバードウォッチャーも、7歳の虫好きの少年も、みんなナチュラリストであるという点では同じ。そして彼らはひとしく願う。生涯、一度でいいから、絶海の果てに位置するガラパゴス諸島に行って、溶岩と巨石に覆われ、絶えず波に洗われる岸壁に生息する、独自の進化を遂げた、奇跡的な生物を実際にこの目で見てみたいと。

ずっと昔からそう願ってきた。とはいえ、私の夢はもう少し手が込んでいた。ただ、観光客としてガラパゴスを見に行くのではない。今をさること200年近くも前の秋、はるかな航海の果てに、この群島にたどり着き、ここを探検したビーグル号と同じ経路をたどって島が見たかった。ビーグル号には、かのチャールズ・ダーウィンが乗っていた。後に、進化論を打ち立てて生命史に革命をもたらした人物。

しかし、そんなことはできるはずがない。ビーグル号の正式名称は、H.M.S.Beagle, Her (His) Majesty's Ship. つまり女王（国王）陛下の船だった。全長27・5メートル、排水量242トン、実戦が可能な大砲6門を搭載、英国精鋭の軍人70余名の船員が乗船する本格的な軍艦だった。当然装備も資材も豊富に積まれていた。だからこそ自由自在な航路をとれたのだ。

そもそもビーグル号の密かな狙いは、世界中に散在する将来の軍事拠点を確認、調査、測量することだった。彼らと同規模の船を仕立てて、同じ旅を再現することなど不可能である。

当時、ダーウィンはまだ22歳。船長フィッツロイのコネで、たまたま随行を許された民間の客人だった。生物学に興味を持っていたとはいえ、あとになって『種の起源』として結実する進化論の構想は、何ひとつとして彼の心の中に準備されてはいなかった。

ひとくちに「ガラパゴス」といっても、そこは大小様々な島や岩礁が散在する群島である。名前のついている島は全部で１２３島、主要な島だけでも13島あるといわれており、それがおよそ関東地方くらいの広い範囲に分布している。

ダーウィンの乗ったＨＭＳビーグル号は、１８３５年9月15日に、ガラパゴス海域東端のサン・クリストバル（英名：チャタム）島に到着した。その後、約1か月かけて、数少ない水源のある島、フロレアナ（チャールズ）島、６つの火山を擁するガラパゴス最大の島、イサベラ（アルベマール）島、イサベラ島と今も火山活動が激しい島フェルナンディナ（ナーボロウ）島のあいだの狭い海峡をくぐり抜けて、赤道線０度を越え、サンティアゴ（ジェームズ）島などに寄港し、調査と測量を行い、同年10月20日、次の調査地であるタヒチ島に向けて太平洋を西に進んだ。

ビーグル号は、タヒチ、タスマニア、ココス、モーリシャスなど、今から見ると高級リゾートめぐりをしているかのような航路をたどって、5年にわたる世界航海を行った。これは先にも記したとおり、ビーグル号の密かな使命が、大英帝国による世界制覇の野望に関わっていたからに他ならない。

少なくとも、ガラパゴス諸島の旅に関してだけでも、チャールズ・ダーウィンと同じ航路をたどって、彼が見たであろう光景を、彼が見たはずの順番で、訪れてみたい。いったいガラパゴスの何が、彼の目を見開かせ、彼の想像力を掻き立てたのだろう。それを追体験したかった。これが私の贅沢な夢だった。

ガラパゴス諸島には大きな謎が3つある。それは現在でもなお解決されていない。その謎に少しでも近づきたいというのが、今回のこの旅における私の切なる願いだった。

1．この島に生息する奇妙な生物たちはどこから来たのか？
なぜこのような特殊な進化を遂げたのか？

しばしば「ガラパゴス化」などと言われるように、ガラパゴス諸島は、隔絶された環境で、独自の進化を遂げた結果、ある種の袋小路に入り込み、世界から取り残されてしまった場所というふうな揶揄的な言い方で使われることが多い。日本のガラケーという言い方がその好例だ。ガラケー、つまりガラパゴス携帯電話は、作り込みで多様な機能を搭載し、特別な方式でインターネットにも接続できるようになったが、いずれも日本固有の仕様だったため、iPhoneを始めとした世界標準のスマートフォンの上陸とともに駆逐されてしまった。一世を風靡したi-modeは、今や昔である。きょうび、二つ折りのガラケーを操作しているのは、ごくわずかな人たちである。

しかし、本当のガラパゴス諸島は、決して世界から取り残されてしまった場所ではない。むしろ、世界最先端の、進化の前線にあるといっていい。

ガラパゴス諸島は決して古い場所ではない。むしろ地球史的に見ると極めて若い島々だ。アジア、アフリカ、北南米などの大陸に比べて、ずっとあとになって海底火山の隆起によって作られたごく新しい環境なのである。大陸は何億年も前から成立していたが、ガラパゴス諸島は古い島で誕生から数百万年、新しい島では数十万年しか経過していない。そこにどこからか、奇跡的に、限られた生物がたどり着き、なんとかニッチ（生態的地位）を切り開き、生息を開始した。進化は始まったばかりであり、これからこそが本番なのである。

それにしても彼ら彼女らは、どこからやってきたのだろう。一番近い南米の大陸からでも海上1000キロも離れているのだ。翼をもった鳥たちはたどり着けたかもしれないが、泳げないリクガメたちはどうやってやってきたのか。仮に、流木につかまって流されてきた稀なケースがあったとしても、この島で繁殖するには少なくとも一対のつがいが必要となる。そして何よりも、できたての火山島には植物も土壌も、そして水さえもほとんどなかったはずなのだ。

しかも彼ら彼女らはいかにして独自の進化を遂げることができたのだろう。ガラパゴスゾウガメの祖先は、大陸から奇跡的に漂着したリクガメだと考えられるが、南米にも北米にも、ガラパゴスゾウガメのような甲羅の長さ1メートル、体重数百キロもの巨大なリクガメは生息していない。大陸のリクガメはもっと小ぶりである。つまり、最初にやってきた祖先たちは小型だったのに、ガラパゴスに来てから、過酷な環境だったにもかかわらず、巨大化を果たしたことになる。大陸にとどまったカメは大きくならず、ガラパゴスゾウガメだけがなぜこんなに大きくなれたのだろう。

不思議なことに、巨大なゾウガメが生息している場所が、世界にはもう一箇所ある。それはインド洋セーシェル群島で、アルダブラゾウガメが生息する。

ガラパゴスゾウガメとアルダブラゾウガメとのあいだに生物学的な類縁関係はない。そもそも2つの島嶼《とうしょ》は地理的に離れすぎている。しかしこの2種のゾウガメは互いに形態と生態が極めて似ている。草食で、甲羅が1メートルを越すまでゆっくり成長し、極めて長寿である。200歳を超える個体があることがわかっている。アルダブラゾウガメの祖先もまた、おそらくは小型の大陸原産（おそらくはアフリカ）のリクガメが、この絶海の孤島に漂着したものだろう。つまり2種のゾウガメは、その進化論的な道筋も近似しているといえる。しかし、その道筋のうち、何が、小さなリクガメをして、これほどまでに大きなゾウガメに変化させるというのだろう。

これは、ガラパゴスをめぐる他の、独特な生物相にもいえることだ。陸と海に別れて生息するようになったイグアナたち。飛ぶための羽を諦めたコバネウ。各島に分布して独自の生活様式とそれに見合ったくちばしを持つに至ったフィンチたち……。

ガラパゴスの生物たちの謎を解くためには、数百万年にわたる時間旅行が必要となるのである。

もし、ガラパゴスの旅が実現し、ビーグル号の航路をたどることができるとしたら、私は、奇妙な生物たちを見つめながら、この時間旅行を実現してみたいと思ったのだった。

2. ガラパゴスを発見したのは誰か

もうひとつの謎は、人類学史上の謎である。ガラパゴス諸島が「発見」されたのは、1535年、スペインから南米インカに派遣された伝道師フレイ・トマス・デ・ベルランガの船が偶然、漂着したのが、後にガラパゴスと命名された諸島であったことによる。

ベルランガの船は嵐によって遭難したのではない。無風によって遭難したのだ。ベルランガが法王にあてて認《したた》めた手紙が残されている。1535年4月26日付け（この文書ゆえに、彼がガラパゴスの発見者の栄誉を得ているのである）。

2月23日、パナマを出帆、最初の7日間は風に恵まれて順調に帆走、大陸に沿って南下いたしましたが、それにつづく6日間はまったくの無風状態で、われわれの船は海流にとらえられて流され、3月10日に見知らぬ島を発見しました。

彼は星から島の位置を割り出した。

この島から2つの島が見え、ひとつは南緯0・5度から1度に、他のひとつは0・5度に位置しています。島にはアシカ、ゾウガメ、イグアナ（大トカゲ）、鳥などが棲み、それらは逃げることを知らないので、素手で捕らえることさえできるのです。島々は神が巌《いわお》を降らせ賜うたごとく、大きな石に満ち、大地には草を育てる力さえありません。

赤道直下に位置するガラパゴス諸島の正確な記述がここにある。生物たちが全く人間を恐れないということも記されている（手紙文は『ガラパゴス諸島――「進化論」のふるさと』（伊藤秀三、中公新書）による）。

しかし、これはあらゆる歴史的記述と同様、白人による世界の「発見」ということにすぎない。それ以前にも、南米のインカ文明の人々や、あるいは太平洋をすみかとしていた海洋民族が、この島の存在を知っていた可能性は十分にある。そのことを示す何らかの文化人類学的、民俗学的な証拠はないのだろうか。つまり人間の活動の痕跡を残す遺跡や遺物の存在である。

ガラパゴス諸島は、その自然史的な価値、つまり固有の動植物などの存在が注目されるあまり、全体が国立公園化され保全されたことはすばらしいのだが、その一方で、人類学史的な研究調査は手薄になっているきらいがある。コン・ティキ号による海洋冒険家として名をはせたトール・ヘイエルダールによるガラパゴス調査の記録がわずかにある程度だ。

1953年、ヘイエルダールはガラパゴス諸島のうち、フロレアナ島のブラック・ビーチ、サンタ・クルス島の「鯨の湾」、サンティアゴ島のジェームズ湾などで、多数の土器類を発見し、これがコロンブス以前の時代のもの、つまりインカ帝国時代のものである可能性を考えた。しかし当時の年代測定技術は今ほど精度が高いものではなく、確定的な結論は得られなかった。

そして、ヘイエルダール自身の評価もまた歴史の試練の中で揺らいでいるのである。私が少年だった頃、『コン・ティキ号(「コンチキ号」と表記された本もあった)漂流記』は、ジュール・ベルヌの冒険小説『十五少年漂流記』や、アーネスト・シャクルトンの壮絶な南極氷海記『エンデュアランス号漂流記』と並んで、三大わくわく漂流記として、読書好きな少年少女の必読書だった。

中でも、太平洋にぽつりと浮かぶ島、イースター島の謎の巨石像の起源をめぐる壮大な仮説を展開した『コン・ティキ号漂流記』は出色の物語だった。ノルウェーの冒険家、へイエルダールは考えた。イースター島を含むポリネシアの人々の由来は謎である。南米ペルーには石の像があり、それはイースター島の、海を見つめて並ぶ巨人像と似ているではないか。イースター島文明の起源は、インカ帝国にあるのではないか。

こう考えた彼は、これを実証しようとした。1947年、ヘイエルダールは、南米の軽量木材バルサを用いて、インカ帝国時代の図面をもとに筏《いかだ》を建造した。名前はコン・ティキ号。インカ帝国の太陽神の名を借りた。このコン・ティキ号に乗って、ヘイエルダールは、南米ペルーからイースター島にたどり着けることを証明しようとしたのである。ヘイエルダールを含む5人の乗組員と1羽のオウムを乗せたコン・ティキ号は、約100日間の漂流を経て、ついに南太平洋海域に到達した。最終目的地のイースター島には届かなかったが、近くのラロイア環礁で座礁した。ペルーからポリネシアに古代筏だけで航行するという目的を達したのだった。翌年出版された『コン・ティキ号漂流記』は世界中で大評判を取り、ベストセラーとなった。航海に取材したドキュメンタリー映画は、アカデミー賞を受賞した。

一躍時代の寵児となったヘイエルダールは、今度は、中米のアステカ文明の起源は、エジプト文明にあるとの説を唱え、アフリカ産のパピルス葦で編んだ船を作って、モロッコからカリブ海を目指す航海に出発した。しかしこの航海は6000キロを進んだところで、惜しくも葦船が浸水に見舞われ、頓挫することとなった。彼はその後も、同じような海洋冒険を繰り返し企画し、実行した。ガラパゴス諸島とインカ文明との関連に関するヘイエルダールの説もこの中のひとつとして唱えられたものである。

しかし、時間を経た今、あらためて振り返ってみると、ヘイエルダールの人物像は、いつもある種の関係妄想に取り憑かれていた学者というよりも、一種のイベンターであったとみなす方が正しいかもしれない。紀元前3000年前のエジプト文明と、紀元1500年前後に花開いたアステカ文明とは時代的に離れすぎている。ここに関係があったというのは無理がある。ヘイエルダールを一躍有名にしたコン・ティキ号の実験もあとになって様々な疑義が指摘されている。

コン・ティキ号はペルーを出港したあと、約80キロメートルを軍艦に曳航《えいこう》されながら進んだ。南米の太平洋岸には強力なフンボルト海流が南向きに流れており、逆流に抗する推進力を持たない筏では、このフンボルト海流にさからって、ポリネシア方向への貿易風に乗ることはできなかった。つまり正確に言えば、コン・ティキ号の漂流はフンボルト海流を超えた位置から始められたのだ。またコン・ティキ号は、現代の保存食料を搭載し通信技術も駆使しており、古代インカ帝国の文化水準を模した航海ではなかった。

現在の文化人類学の共通理解では、イースター島の巨石モアイ像の謎は残るものの、ポリネシアの民は、アジア大陸から台湾、フィリピン、東南アジア諸島を経て、メラネシア経由で、太平洋諸島に達したものとされていて、南米起源の説はほとんど顧みられていない。

ヘイエルダールの冒険は、第二次世界大戦が終わった直後、疲弊した世界にひとつの明るい夢を与えた時代の徒花《あだばな》として、人々に歓迎されつつ消費された物語と考えるべきものなのである。

さて、話がいささか横道にそれてしまったが、ヘイエルダールのガラパゴス調査がたとえ妄想を含んだものであったとしても、ガラパゴスを最初に発見した人々が、スペイン宣教師ベルランガ以前にいたかもしれない、という可能性は残る。

もうひとつのミステリーは、ガラパゴス空白の300年である。ベルランガがたまたまガラパゴスに漂着し、その記録を1535年に文書に残したあと、およそ300年にわたって、ガラパゴスは世界史の中ではずっと忘れ去られていた。大半を不毛な溶岩に覆われ、水場もほとんどなく、巨大なゾウガメと奇態なイグアナが群生するこの不思議な島々は、地政学的には長らく放置されていた。風説によれば、この間、ガラパゴス諸島は、ヨーロッパと南米をつなぐ航路を狙う海賊たちのアジトになったり、捕鯨船の停留場所となったりしたという。もしそれが本当なら、金や銀を積んだ船を襲った海賊たちが奪った財宝が、ガラパゴスのどこか地中の壺の中に隠されているかもしれないのだ。

19世紀になって、南米諸地域が、宗主国であるスペインやポルトガルの支配から脱し、独立を目指すようになって初めて、民族自決と領土的な自覚が現れてきた。インカ帝国に文化的な源流をもつエクアドルが独立を果たしたのが、1830年。そのすぐあと、エクアドルはガラパゴス諸島の領有権を宣言した。1832年のことだった。英国の軍艦ビーグル号はすでに英国を出航し南米への航路を進んでいた。もし、ダーウィンを乗せたビーグル号が、ガラパゴス諸島に到達したとき（1835年）、まだ、エクアドルが領有権を主張していなかったとしたら、英国艦隊はすかさずユニオンジャックの旗を海岸に打ち立てたであろう。しかし、すんでのところで、エクアドルが領有権を主張し、エクアドル側からの移住も少しずつ進み、村ができ、居住の既成事実が存在したおかげで、ガラパゴス諸島はからくも、欧米列強の手に落ちることを免れたのである。

その後、19世紀後半から北米と南米をつなぐパナマ地峡に人工運河を建設することになると、太平洋側からパナマ地域を望むことになるガラパゴスの地政学的重要性が急上昇することになる。ヨーロッパ諸国、米国、そして列強の仲間入りを果たした日本までが、ガラパゴスの割譲を目指すようになった。しかし、エクアドルは頑としてガラパゴスの領有権を貫き通した。このことが結果的に、ガラパゴス諸島の自然を守ったことにもなるのである。

もし、私がガラパゴスに行くことができたなら、ぜひ、空白の300年を埋める手がかりを探してみたい。そして、なぜ、エクアドルは、ビーグル号の到来の直前に、ガラパゴスを保全するという英断を下すことができたのか、その密かな歴史を紐解いてみたいと思うのだ。

3．ダーウィンを超えて

『ダーウィンを超えて』とは、1978年、当時、異色の対談シリーズ本として刊行されていたレクチュア・ブックスのひとつのタイトルである。

思えば、このレクチュア・ブックスは画期的な叢書だった。何といっても、そのタイトルが振るっていた。そして対談者の組み合わせの妙。きっと当時の編集者たちの文学的センスが優れていたのだろう。そしてこんな本が売れたということは、知性に対して十分なリスペクトが示されていた時代でもあったということである。

思い出すままに列挙してみると、

『魂にメスはいらない』［ユング心理学講義］（河合隼雄＋谷川俊太郎）

『哺育器の中の大人』［精神分析講義］（岸田秀＋伊丹十三）

『音を視る、時を聴く』［哲学講義］（大森荘蔵＋坂本龍一）

『君は弥生人か縄文人か』［梅原日本学講義］（梅原猛＋中上健次）

いずれも実に気の利いた、キャッチーなタイトルではないか。

さて、『ダーウィンを超えて』は、生物学者の今西錦司と評論家の吉本隆明の対論が収録されていた。章立ては、第一講：ダーウィン、第二講：今西進化論、第三講：マルクスとエンゲルス、第四講：今西進化論（続）となっている。

ちょうど、京都大学に入学したばかりの私は夢中になって読んだ。今西錦司は、京都大学の大先輩。フィールドに出ることと自然観察を重視する生物学を主導し、新・京都学派を打ち立てた。日本のサル学を開き、幾多の後進を育てた。世界各地に探検隊を派遣し、自らも山に登り続けた。京都の街を流れる鴨川に通い詰めてカゲロウの生態を詳細に解析し、独自の棲み分け理論を作った。その蓄積を背景に、彼は、ダーウィンの進化論、つまり突然変異と自然選択だけによって生物が多様性を獲得してきたというセオリーに、〝不承服〟を申し立てた。その言明の書が、戦前に「遺書のつもりで書いた」という有名な『生物の世界』であり、それをわかりやすく敷衍《ふえん》したのが、この『ダーウィンを超えて』であるはずだった。しかし、私は、夢中になって読んだものの、今西進化論の話法が独特すぎてほとんどきちんと理解できなかった。特に、今西進化論の核心部分であるところの、進化の動因が、種は「変わるべくして変わる」とする主張がどうしてもすんなりと飲み込めなかった。当時、私たちが学んでいた分子生物学では、遺伝子上の偶発的に起きたランダムな突然変異だけが、生物を変える動因であり、環境による自然選択が突然変異の中から適応的な変化を選抜する、と説明していた。それ以外に、生物の進化を合理的に説明するセオリーはなかった。そしてこれこそが、ダーウィンの進化論なのだ。だから、「変わるべくして変わる」と言っても、そのメカニズムが、何らかの対案として、遺伝子の突然変異と同じ程度の解像度をもって説明されないかぎり、ダーウィンを〝超える〟ことにはならないはずだ。そこが、わからないことの不満原因だった。

１８３５年の秋、ダーウィンがガラパゴスを旅したとき、26歳だった彼の頭の中には、まだ〝進化論〟の萌芽的アイデアさえ、準備されていなかった。彼の著作『ビーグル号航海記』におけるガラパゴスの記録は、わずかに1節、10ページほどの記述で、島で見た動植物の観察記録と島の地質学的な特徴を書き留めているにすぎない。ダーウィンの主著『種の起源』、いわゆる〝進化論〟が書かれることになるのは、ここから20年後のことである。ダーウィンの思想はあとになってから徐々に熟成されていったものと考えた方がよい。ガラパゴスで進化論の〝着想を得た〟というのは、神話に過ぎない。

実際、彼はこの旅で、ガラパゴスの島々に分布するフィンチという小鳥を採集し、標本として持ち帰った。が、この時点では、フィンチの形態的な特徴（硬い実を割るフィンチは太くて硬いくちばしを、細い穴から虫を掘り出すフィンチは細長くて繊細なくちばしを有している）が、適応的に進化したものだとはゆめゆめ考えていなかった。むしろ、全く別個の種だと考えていた。そして彼の採集記録は必ずしも正確なものではなく、採集場所の記録や時期なども不完全なものだった。あとになってダーウィンはその不備に気づいて後悔の弁を述べているほどだ。ダーウィンのフィンチを詳細に分類し、これが互いに近縁の種であることを発見したのは、標本を託された鳥類学者のジョン・グールドである。そして、これらのフィンチが〝ダーウィンフィンチ〟と呼ばれるようになったのは、進化論が出版されてからずっとあと、20世紀になってからのことである。

しかし、1835年秋、若きダーウィンは、確かにこのガラパゴス島に到達し、ここに展開する驚くべき生命の姿を目の当たりにした。それは、手つかずの自然、といってよいものだったし、生命の実相、といってよいものだったはずだ。私はそれを〝ピュシス〟と呼びたい。ギリシャ語でいうところの、本来の自然という意味の、ピュシスである。ピュシスの対義語は、論理、言葉、思想を意味するところの〝ロゴス〟である。ピュシスvs.ロゴスの問題もまた、この旅の中心的なテーマであり、他の章でも考察していくつもりだが、ダーウィンがまず目にしたものは、ピュシスだったことは間違いない。それがロゴス化された結果が進化論である。

だからこそ、私は、彼の原点にもどって、彼の見たピュシスを確かめてみたかったのだ。そして、そこから彼の思索がたどったようなロゴスが必然的に導かれるのか、あとづけてみたかったのだ。

それと同時に、次のような思考実験を提案してみたい。もし、かの今西錦司が、ガラパゴスを見たとしたら何を考えただろう、という思考実験である。今西錦司が、ガラパゴスのピュシスにじかに触れたとしたら、何を思っただろうと。

あらためて今西錦司の『生物の世界』を開いてみるとよくわかる。そこには鮮烈な生命観が横溢している。参考文献リストや注釈の類は一切ない。彼はこれを戦争前、38歳のときに遺書のつもりで一気に書いた。そして、生命が、かくのごとく成り立っているに違いない、という彼の信念は、彼が少年の頃から見つめ続けた自然=ピュシスの実感に直接根ざした確信だということがわかる。

これが今回のガラパゴスの旅への、私の密かな思いだった。

ガラパゴスに行きたい。夢は、しかし思い続けていればいつかかなうものだ。たとえそれは当初、予想していたものとは違う形であっても。まるで帆船が風を待つように、あるいは、潮が月の満ちるのを待つように、希望を持ってそのときをじっと望んでいれば、いつか夢はかなうのだ。アレクサンドル・デュマの波乱万丈の歴史小説『モンテ・クリスト伯』の最後だって、こう結ばれているではないか。「待て、しかして希望せよ（仏語＝Attendre et espérer)」

実は、ガラパゴスに行けるかもしれない、というチャンスは過去にもめぐってきていた。もう時効でもあり、迷惑をかけた関係者も許してくれると思うので、ここにちょっとそのことについて触れておきたい。

私ひとりがガラパゴスに行くのであれば、自費と自力を使えば何とか行くことがかなうだろう。しかし、それではどんなに頑張っても観光旅行の域を出ない。現に、ガラパゴスをめぐるネイチャーツアーのような企画はいろいろ存在しており、それに参加すれば、ガラパゴスの観光名所をめぐって主要な動物を見ることができるだろう。

でも、それではだめなのだ。最初に書いたとおり、ダーウィンの『ビーグル号航海記』を（部分的であっても）再現し、彼が見たものを、彼が見た順番に追体験することを通して、ガラパゴスをめぐる謎を追ってみたい、というのが私の果たせぬ夢なのだった。

そしてその夢を実現するためには、個人旅行を超えた、もう少し大掛かりな企画が必要となる。まずは、ガラパゴスの島々を思い通りに航行するためには、観光船ではなく、ビーグル号とはいわないまでも、貸し切りの船と物資が必要となる。当然、船の操作のためにガラパゴスの海を知り尽くした現地人船長、船員を雇わねばならず、スペイン語の意思疎通のために、現地の事情に精通した通訳兼ロジ担当者を雇わねばならない。料理人も必要かもしれない。ガラパゴス諸島は全体が国立公園なので、訪問者だけの自由航行は許されず、必ず国立公園局公認のネイチャー・ガイドの同行も必要となる。日本側からは、執筆する作家の私だけでなく、写真や動画、音声などの記録をとるフォトグラファーも連れていきたい。

そうなるとどうしてもメディアをスポンサーとするチームワークを組み上げないとならない。書籍の企画か、テレビの企画、そんなところである。しかし、単に、福岡伸一さんが、ガラパゴスに行きたいという少年時代からの夢を実現する、というだけでは本や番組にはならない。そこに何らかの現代的な意味が付与されなければならない。今、ガラパゴスを考えることの意味。それが先にも述べた、ガラパゴスの現在を通して、今一度、ダーウィンの進化論を問い、生命を捉えなおすということに他ならない。そして、ガラパゴスに関して未だ残されている謎を、ひとつでも解決しなければならない。

こんな思いを胸に秘めながら「ガラパゴスに行きたい」という夢を、私はことあるごとに口にしていた。

そんな私の戯言をどこかで聞きつけてくれたのかもしれない。ある日、テレビの関係者がこんなことを言ってきた。「福岡さん、ガラパゴスに行ってみませんか」「えっ！」私は、欣喜雀躍した。とうとうガラパゴス諸島に行くチャンスがめぐってきたのだ。

それはこんな企画だった。イサベラ島に新種の生物が発見された。それを見に行くというものだ。実際にこの目で見ることができるというのだ。すばらしい。イサベラ島はガラパゴス最大の島で、そのほとんどは人跡未踏の火山地帯である。そのため、生息地へのアプローチは専用のヘリコプターをチャーターするという豪華な取材企画だった。

私が当初考えていたような、ダーウィンの航路をたどるという旅とはいささか趣旨が違うが、イサベラ島はダーウィンが上陸した島でもある。新種の生物も見てみたい。それよりも何よりもガラパゴス諸島に行けるという千載一遇のチャンスである。私は俄然乗り気になった。

「ぜひ、行かせてください」

ところで、と番組のディレクター氏は言った。

「主役は福岡さんではありません。◯◯さんです」

私は別に自分が主役になりたいわけではなく、ただガラパゴスに行けることだけでうれしかった。だが、話を聞くにつれ、その立ち位置はかなり微妙なものであることが判明してきた。まず番組は、科学調査やネイチャーものではなく、世界不思議探訪のような、バラエティ色が強い特番であるということ。そして取材の方法がかなり強行かつ演出があるのだった。

わざわざヘリコプターをチャーターして生息地に飛ぶのは大盤振る舞いの取材なのだが、さすがにヘリにも定員がある。出演者のほかに多くのスタッフが同行しなければならない。

ディレクター、撮影・録音スタッフ、通訳、現地ガイドが加わればもう満員である。かくして取材チームが編み出したのはこんな方法だった。まず主役の◯◯さんを中心とする撮影隊が現地に飛ぶ。お目当ての生物を発見し、驚くシーンを撮影する。ついで（おそらく翌日）、今度は私を含む第2次部隊が同じ場所に飛んで、あたかも、驚いている◯◯さんが隣にいるていで解説するシーンの撮影を行う。あとから映像を合体させる。これもテレビ的演出の一技法なのかもしれないが、さすがにここまでとなると、ダーウィンが見た光景を再体験して進化論を考え直す、という当初の私の夢からはかなり遠く離れた場所にいってしまうことになるのは避けようがない。

　私の中に不安と困惑が少しずつ広がってきた。しかし、この時点では、念願のガラパゴスに行きたい一心で、ぜひこの企画に参加したいと思っていた。別に主役、脇役なんてどちらでも構わない。ガラパゴスの土が踏めればよいのだ。

　打ち合わせは進み、話はどんどん進行していく。そんな折のことである。昔から信頼を寄せている編集者O氏にこの話をどう思うかと打ち明けてみた。彼は、私を一介のしがない学者から、新しい書き手として世に出してくれた恩人でもある。根は優しい人物なのだが、生粋の江戸っ子で言葉は乱暴。いきなりこう言った。

「やめた方がいいよ、それ。バラエティ番組でしょ。福岡さんを大切にしてくれてないし、福岡さんが昔から言っている〝ダーウィンの旅路を追体験する〟とも全然違うじゃない。それに、若くて何も知らなそうな女性が、ワーとかキャーとか驚いて見せて、隣からオジサンがおもむろにうんちくを語るという図式は早晩批判されるようになると思う」

ガラパゴス行きの話に目がくらんでいた私は、頭から冷水を浴びた気分だった。O氏の言うことは実にもっともだった。そしてそれは時代を先取りする慧眼でもあったのだ。レベッカ・ソルニットの話題作、“Men Explain Things to Me”が邦訳されたのは、それからしばらく経ったときのことだった。この本の邦題は、『説教したがる男たち』で、「マンスプレイニング」（マン＝男、とエクスプレイン＝説明を合成した）という言葉を世に広めた。

若い女性に対して、保護者ぶったり、上から目線で説教を垂れたり、自分の知識をひけらかしたりする典型的な男性像を批判する言葉である。

これは、ソルニット自身が体験したこんなエピソードに基づいている。あるパーティで、ソルニットは、自分が取り組んでいる写真家エドワード・マイブリッジについて話題にした。すると相手の男性は、我が意を得たりとばかり、「今年出たばかりのマイブリッジ関連のとても重要な本を知っているかね」と本についてのうんちくを得意になって披瀝しはじめた。ソルニットは黙ってそれを受け流した。彼がその本をきちんと読んでいないことは明らかだった。なぜなら、その本の著者は、レベッカ・ソルニット自身であったからだ。

このエピソードは、十分に自戒を込めて心に刻んでおかなければならない。若い女性はものを知らない、という男の側の無自覚なジェンダーバイアスがそのまま露呈しているからである。男の方が物事をよく知っているというのは、全く根拠のない性差別である。特に、私は学者という職業がら、常に専門的知識を伝授するのが生業である。ついついそれを開陳したくなる。何かを学びたい学生や向学心ある読者に対して、これを届けるのは、専門家の務めではあるのだが、単なる知識の切り売りで終わってはならない。そこには常に哲学や理念の裏打ちが必要のはずだ。ましてや、若い女性＝聞き手、専門家の男性＝教え手というステレオタイプに陥ることはとても危険で、ジェンダーの平等性にもとる。

若い女性で、私よりずっと多くの知識や学識の持ち主はたくさんいるだろうし、第一に相手が話を聞きたがっているかどうかが前提となる。男性による一方的な教導や啓蒙は時代おくれなのだ。

とはいえ、この図式は今でもあらゆるところで健在だ。実際、実に多くのテレビ番組やメディア・コンテンツがいまだにこの図式を無造作に使っている。若い女性タレントに、専門家や評論家の男性が解説を行うの図。

たとえば、ＮＨＫの旅番組『ブラタモリ』などは――タモリの飄々とした脱力系のキャラクターによって救われている面があるにせよ――物識りのタモリが、若い女子アナにうんちくを語る、という点では典型的なマンスプレイニングの構図の中にある。

ということで、この話はあっさり立ち消えとなった。私が急に降りたことで関係者の皆さんに多大な迷惑をかけたことは間違いない。たいへん申し訳ないことである。

風の噂によれば、この番組企画は、出演者、スタッフをはるばるガラパゴスに連れて行き、晴れて撮影が行われ、首尾よく生物も発見され、無事に放映されたそうである。よかった。

私の代わりに誰が解説役を務めたのかまではわからない。

私はといえば、意に沿わない形でマンスプレイニング役をやらずに済んだことはほっとした。が、あとあと、これでよかったのかという後悔に苛まれることになった。あのチャンスを自らみすみす逸してしまったことによって、私にはもう二度とガラパゴスに行くチャンスはないだろう、と観念した。

幸運の女神はその前髪をつかめ(つまり、後ろ姿を見送ってももう再び幸運はもどってはこない)、とはいうものの、「捨てる神あれば拾う神あり」という諺の方を私は信じたい。実際、それでもガラパゴスへの夢を抱き続けた結果、あとになって、またとないチャンス(=つまり本書の企画)がめぐってくることになったからである。人生、何事も諦めないことが大切なのだ。

それは奇しくも『ダーウィンを超えて』の版元、朝日出版社からの提案だった。

レンズの焦点――捨てる神あれば、拾う神あり

顕微鏡には、フォーカスを合わせるつまみがついている。それを回すと顕微鏡の筒が上下するようになっている（高級な顕微鏡は、標本を置くステージの方が上下するのだが、私が少年の頃、買ってもらった安物の教育用顕微鏡は、筒が上下するタイプだった）。

最初に観察してみたのは、蝶の標本の翅《はね》の一部だった。慎重に操作法を確かめ、おそるおそるレンズを覗いてみた。説明書には、筒の先端についた対物レンズを、できるだけ標本に近づけた位置までおろし、そこからつまみを回して、ゆっくりと筒を上に上げながら焦点が合う位置を探すように書かれていた。これを逆に操作すると、つまり、顕微鏡を覗きながら、筒を上から下におろしていくと、気づかないまま、対物レンズの先で標本を潰してしまう危険性があるからだ。私は指示どおり、ゆっくりゆっくりつまみを回して、筒を上げていった。レンズの中は、もやがかかったような、雲のような、不定形の影が見えるだけだった。ところがある場所で、そのもやが急に収斂して、突然、くっきりした像を結んだ。ここが焦点だ。この点を少しでも通り過ぎると、再び像は、たちまちもやの中に消えてしまう。私は息を殺して焦点を探り、そこでつまみを止めた。小宇宙が広がっていた。

蝶の翅の色は、画用紙に絵の具で色を塗るように染められているのではない。桜の花びらに似た、色とりどりの、極小のモザイクタイルが、一枚一枚、びっしりと敷き詰められているのだ。これを鱗粉《りんぷん》と呼ぶ。視野をずらして翅の他の場所を見ても、あらゆる部分が、

このモザイクタイルで埋め尽くされている。私は声にならない叫び声を上げた。そしてその日から顕微鏡の虜になった。

ぼんやりした視界の中から、つまみを調節しながら、ゆっくり焦点が合う場所を探すこと。これは、その後の、私の人生にとって、ある種の隠喩のようなものになった。そしてそのためには時間が必要であるということも学んだことのひとつである。

もともと、非社交的で、内向的な少年だった私には、友人や知人と呼べる関係はほとんどできなかった。だからだろうか、私は、人の顔を覚えるのも、人の名前を覚えるのも、その２つを一致させるのも、極めて苦手だった。それは大人になってからもあまり変わらなかった。過去に仕事で会った人に再会しても、初対面だと思って挨拶して、気まずい雰囲気になることがしばしばあった。だから、自分にとって大切な人、あるいは大切なことをもたらしてくれることに出会ったとしても、それが天啓のように瞬時にわかることは皆無だった。むしろ、何度もやりとりし、複数回会い、話をしながら、まるで、顕微鏡のつまみを回すように、ゆっくり視界の深度を前後させることによって、はじめて、その彼、もしくは彼女の表情に、レンズの焦点が合い、その輪郭がようやく見えてくるのが常だった。そして、それには時間がかかるのだ。

今回のガラパゴスへの旅を支えてくれることになった朝日出版社との出会いも、まさにそんな感じだった。

私が、大学に入ったのはちょうど1970年代が暮れ、1980年代が明けるときだった。少年の頃の昆虫好きが嵩じて生物学の道に進んだ私だったが、自身の興味もまた変化していた。大型のアゲハチョウや美麗なカミキリムシを追いかけている場合ではなく、細胞や遺伝子のメカニズムを解明することこそが、生命現象を解くことになるのだという時代の潮流——分子生物学へのパラダイム・シフト——にすっかり染まっていた。同時に、受験勉強から解放されることによって、あらゆる知が新鮮なものに見えた。私が進学した京都大学の教養課程は、極めて自由な空気にみちみちていた。理系の学生であっても『伊勢物語』の講義を聞いてもいいし、文化人類学の講義を聞いてもよかった（『ガラパゴス』の著者、アイブル＝アイベスフェルトを知ったのも、米山俊直の講義だった）。文系の学生であっても、数学や建築や精神医学の授業に出ることができた。それよりもなによりも大学に来ても来なくてもよかった。

私はいろいろな教室を覗いたり、寄り道したりして、その度に、様々な〝粒《ドット》〟と出会った。それは、当時はもちろんわからなかったが、いつの日か、思わぬ形で、結びあわされる（コネクティング）べき粒たちだった。まさに、スティーブ・ジョブズのいうとおりだ。

そして個人史が常に、時代の歴史から無縁でいられないように、私の大学生活もまた、まさに70年代から80年代にトランジットしつつある、文化的変容の風の中にあった。

京都の街は小さい。大学のある百万遍界隈には、東京の神保町に比べればずっと小規模ながら、ちょっとした古本屋街があった。また市中には、『檸檬』で有名な丸善書店から、渋い選書で知られていた三月書房まで、特色ある街場の本屋さんが、歩いて回れる範囲に散在していた。そんな場所にも私は、見知らぬドットを求めてふらふらと出かけていった。

店頭には、『エピステーメー』や『遊』の表紙に杉浦康平のデザインが躍っていた。店内の棚には、白くて重い、みすず書房の難しい本がぎっしり並んでいた。読むべき本はいくらでもあり、知るべきことは無限にあった。エピステーメー＝知が、あこがれや渇望の対象であり、またファッションになりえた稀有な時代だった。

（専門知や学者が、冷笑や揶揄にさらされ、SNSの中で、袋叩きになったり、炎上したりする時代が来るなどと、当時、いったい誰が予想できただろう。）

『エピステーメー』の版元として、朝日出版社の名前を知ったのはそのときである。朝日新聞と名前は似ているものの別の会社で、朝日新聞とは全く別のテイストを持っていた。

70年代の後半、すでにフランスの哲学者ドゥルーズやガタリを紹介し、80年代に流行ることになるニューアカデミズムに先鞭をつけていた。かと思えば、数学、医学、生物学、科学論などにもその翼を広げていた。雑誌を並べると、背表紙を横断して、赤と青と紫の虹模様がかかるようにデザインされていた。杉浦康平のデザインには不思議な〝理力〟が備わっている。なんだかよくわからないけれど、わくわくさせられる何か。ナイーブな私はすぐに感染した。

それから前項（19ページ）でも触れた、レクチュア・ブックスのシリーズ。人選とタイトルが振るっていた。

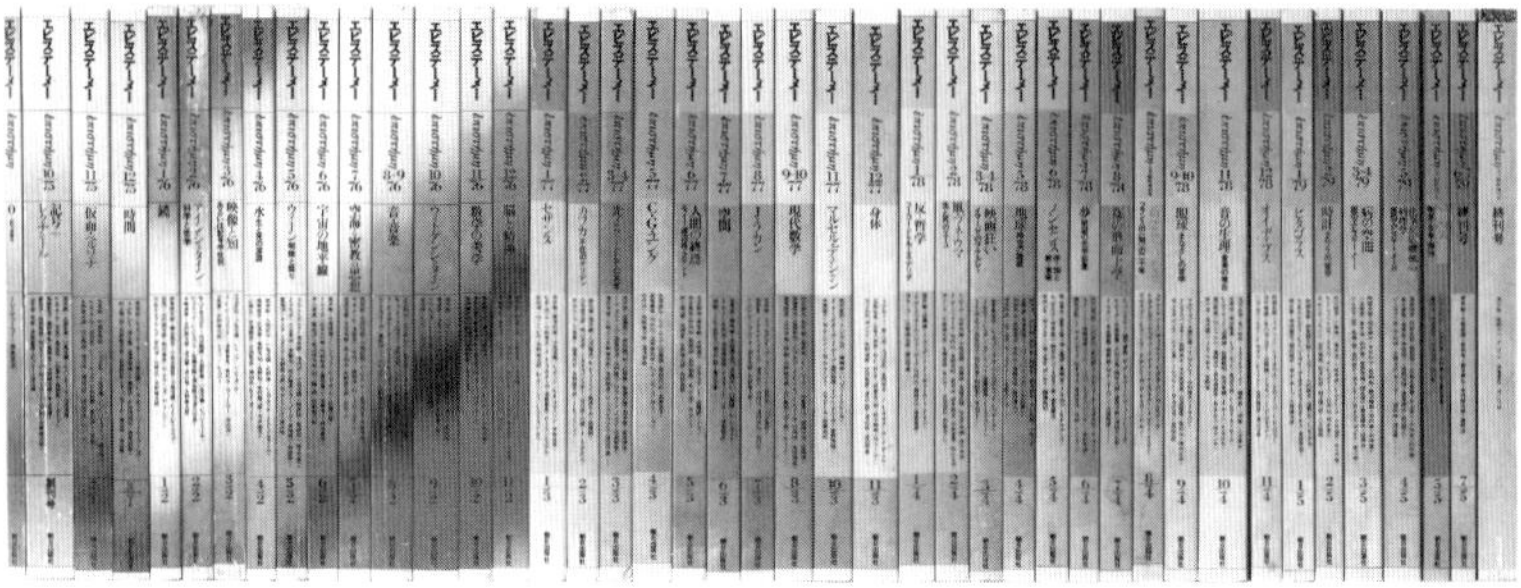

『エピステーメー』の背表紙

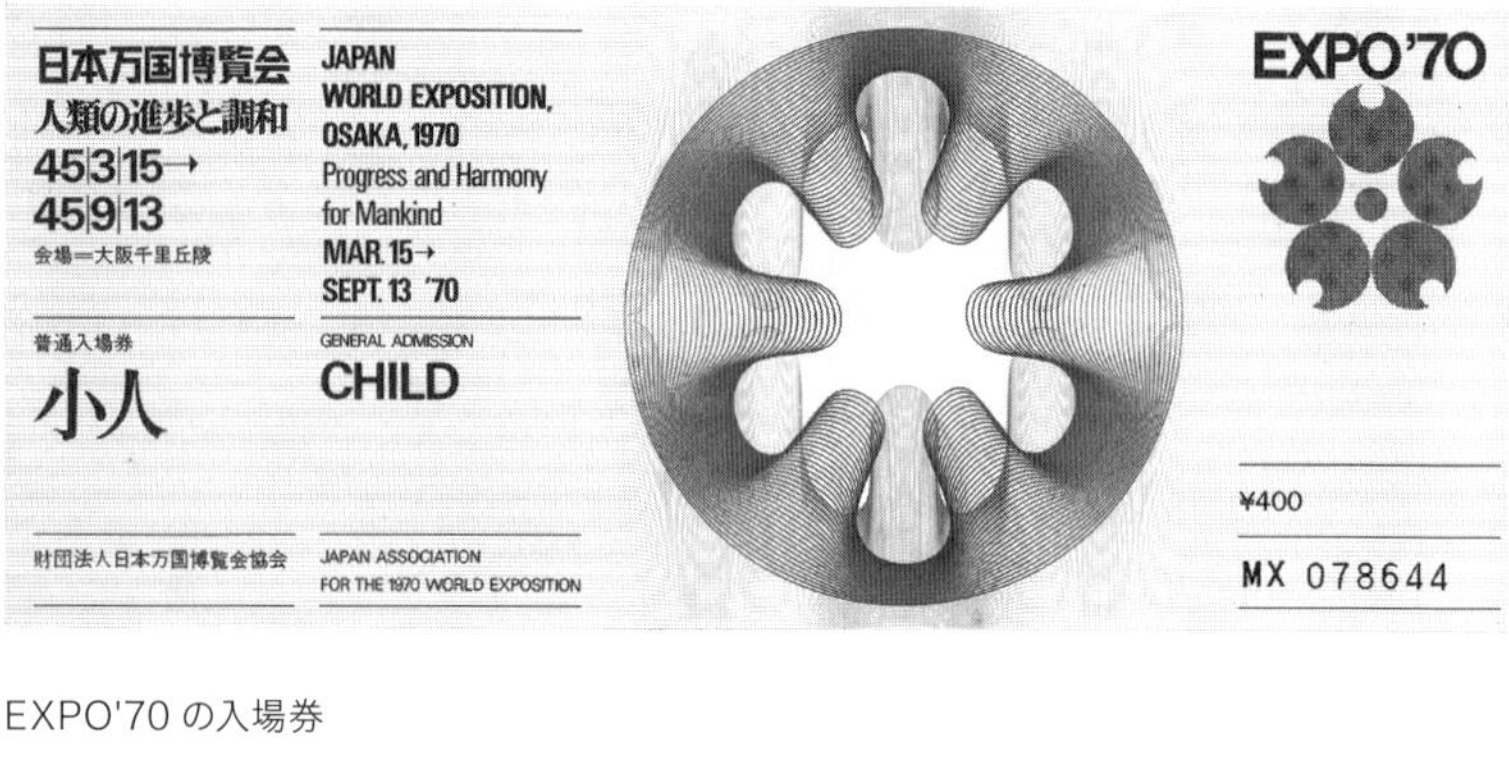

EXPO'70 の入場券

伊丹十三編集による『モノンクル』という変わった雑誌も刊行された。でもなぜか短命で終わってしまった。今でも私の本棚のどこかを探せば創刊号が出てくるはずだ。プレミアがつくかもしれない。

こんなペダンティックな雑誌や本を次々と出す一方、この版元は、まじめな英語教育の本も作っていた。私が手にしたのは、サイデンステッカーと松本道弘による『日米口語辞典』だった。読んでいて楽しい英語辞典、というものをはじめて発見した。

のちに、私は『生物と無生物のあいだ』(講談社現代新書)という本を書くことになるのだが、そこで、科学史において画期的な仕事をしたにもかかわらず、十分な世間的評価(たとえばノーベル賞)を受けられぬまま、忘れ去られてしまった人たちに思いを馳せて列伝を書いた。たとえば、遺伝物質の本体が、当時、広く信じられていたタンパク質ではなく、DNAであることを突き止めたオズワルド・エイブリーのような人物のことである。「縁の下の力持ち」という言葉があるけれど、もっとかっこいい言い回しはないものだろうか。私は、『日米口語辞典』で、「縁の下の力持ち」の項を調べてみた。すると、そこにはこんなふうに書いてあるではないか。

「He's doing an excellent job though he isn't getting any credit. と説明的に訳した方が無難かもしれないが、やはり味に欠ける」とした上で、"unsung hero" という言葉が紹介されていた。謳われることなき英雄。まさにドンピシャではないか。このことを憶えていた私は、自分の著書に、「アンサング・ヒーロー」を使わせてもらうことにした。ある種の言葉はずっと誰かの心の中に残る。こんなふうに『日米口語辞典』は、実に味のある辞書なのだった。

ちょっと思い出したことがある。

ごく最近になって（2020年）、私は、大阪・関西万博（EXPO 2025）のテーマ館プロデューサーというもののひとりに選出された。2025年に、大阪・夢洲《ゆめしま》地区に招致されることが決定した国際博覧会のテーマ館のひとつ「いのちを知る」パビリオンの企画・立案をするという役割だ。

私は、そもそも委員とか何何長とかプロデューサーとかといった立場が苦手である。ものごとを調整したり、異なる意見を集約したり、リーダーシップを発揮するというのがからきしできないからだ。むしろ、ひとりで自由に虫を追っていたいタイプの人間である。

そうは思ったものの、EXPO 2025の統一テーマは「いのち輝く未来社会のデザイン」というものである。「いのち」である。「いのち」の今日的意味を、生物学の立場から是非、考えてほしいとの要請をいただき、引き受けることにした。私たちの世代は、1970年に、同じ大阪の地で開催されたEXPO'70に大きな影響を受けた世代でもある。なので恩返しの意義も感じた。あのときも、1964年に東京オリンピックがあり、そのあと大阪万博が開催された。1960年代後半、世相は、安保闘争や東大紛争が起こり、御茶ノ水や駿河台の学生街には、トロ（ゲバ）字の立て看板が立ち並び、東京の空には、いつもヘリコプターが飛び回って、騒然としていた。が、10歳の少年にとっては、上の世代が、何にそれほど怒っているのか理解できなかった。むしろ、新幹線が開通し、アポロが月に行き、未来都市が具現化されたEXPO'70に限りない明るい希望を感じた。

私は親にせがんで、東京から出かけていき、春と夏、2回もEXPO会場に行った。ものすごい人出で、どのパビリオンも長蛇の列。1回行っただけでは到底見たいものが見きれないからだった。最寄りの駅からバスに詰め込まれ、千里丘陵の竹林を抜けていくと、向こうの方に、スタイリッシュな建物や尖塔、ドーム群などのスカイラインがまるで蜃気楼のように浮かび上がってきた。私の興奮は極点に達した。

これを最近、知人に話したら「それは福岡さんがボンボンだったということですよ。2回も連れていってもらえるなんてすごく贅沢なんです。漫画『20世紀少年』を見てごらんなさい。行きたくても行けなかった少年が、行ったと嘘をつくんです」と言われてしまった（家は別にお金持ちではなく、普通のサラリーマン家庭だったのだが）。

EXPO'70の一番人気は、アメリカ館だった。それは現代でいえば東京ドームを先取りしたような、白い空気膜構造で覆われた楕円形の巨大な建築だった。内部に柱はなく、当時の宇宙工学の粋を結集して設計されたものだった（ガラス繊維とワイヤーロープだけで屋根を支え、内部の空気圧で膨張させていて、たとえ大量の降雪があっても支えられるとされていた）。そして内部の目玉展示はその前年、アポロ宇宙船が月面着陸に成功し持ち帰ってきた「月の石」だった。それは褐色の溶岩のような鉱物で、支持台のガラスケースの中に燦然《さんぜん》と輝いていた。

人類が地球以外の天体から持ち帰ったはじめてのサンプル。私の夢想は宇宙の彼方にひろがっていった。

２０２５年がどんな状況になっているか、皆目見当がつかない中、「いのちを知る」ということは、新型コロナウイルスの問題を含め、人類の文明が今後向かうべき未来の方角を知るという重要なテーマだ。今回、私が、ガラパゴス諸島への旅を思い立ったのも、いのちを知り、いのちの現場をこの目で確かめたかったからである。

人類の進歩と調和を約束する、明るい未来を象徴するパビリオンが居並ぶＥＸＰＯ'70の会場のど真ん中に、岡本太郎は、丹下健三設計の大屋根を突き破るようにして、未来とは逆行するような、縄文的、呪術的なパワーを発散する「太陽の塔」を作った。彼独特のＥＸＰＯ'70へのアンチテーゼだった。しかし、一方、岡本太郎は、太陽の塔の内部に、もうひとつの塔を作っていた。〝生命の樹〟である。生命の樹には、38億年の生命進化の流れが（今から思うとややちゃちな模型の三葉虫やアンモナイトが）貼り付けられていた。岡本太郎も生命の時間軸を考えていたのだ。

いのちを知る、ということに関していえば、今、一番必要なことは、ともすればＡＩによる最適化やアルゴリズム的思考、つまりロゴスに傾きすぎた世界観・生命観を、いま一度、生命が本来的に持っている潜在的な躍動性、つまりピュシスの側に、パラダイム・シフトしなおす、ということではないだろうか。ガラパゴスへの旅の最大の目的もそれを考えるところにある。

ところで、思い出したことというのはこういうことだ。

私は、モノ持ちがいいので、今からおよそ50年前の1970年、大阪で開催されたＥＸＰＯ'70の入場券をいまだに保管していた。当時、何でも集めていた私は、昆虫や切手やコインのコレクションとともに、万博の資料も大切にとってあったのだ。それを今回、ＥＸＰＯ２０２５のプロデューサーを引き受けるにあたって、思い出し、取り出してみた（34ページ参照。ちなみに料金は、大人８００円、子ども４００円となっている）。

入場券はお札ほどの大きさの紙片で、今、あらためて見てもかっこいい。右肩に付された五弁の桜の花びらを模した模様がＥＸＰＯ'70のシンボルマーク。これは当時、日本を代表するグラフィックデザイナーだった亀倉雄策によるデザインだ（日本館の建物もこのデザインどおり配置されていた）。しかし、入場券の真ん中にあるのは、細い曲線が、雪の結晶のように波紋を描いて広がる不思議な幾何学模様だった。見ていると吸い込まれそうになる。顕微鏡で細胞を覗いたとき、ミクロな小宇宙に引きずり込まれるようなあの感覚。私はずっとこの模様を憶えていた。そのロゴは、なんと杉浦康平によるデザインなのだった。もちろん当時の私は杉浦の名前を知るよしもない。しかし、この文様を見て10歳の少年が感得した感覚は、そこから10年後、『エピステーメー』の表紙を見たときに、もう一度、思い出されることになる。ドットはこんなふうに、予期せぬ形で、時を超えて互いにコネクティングされていくのだ。

あとで知ったことだが、朝日出版社は、神保町で小さな語学出版社として出発した。語学を中心としていた同社が、70年代になって、思想、哲学、科学、芸術へ華麗な展開を果たしたのは、やはり斬新な雑誌『エピステーメー』を刊行したことが大きい。出版人の価値が、新しい書き手を見出すことによって決まるとすれば『エピステーメー』はその孵卵器の役割を果たした。そしてこの孵卵器を作ったのが、中野幹隆という編集者だった。残念ながら私は彼と直接の面識はない。しかし彼が作り出した潮流に触れて育った私には、彼がどんな人物だったのか、とてもよくわかるような気がする。『エピステーメー』に始まり、レクチュア・ブックス、『モノンクル』を刊行し、もともとは竹内書店で『パイデイア』を、青土社で『現代思想』を作っていた。つまり、新しもの好きの、そして根っからの哲学オタクだった。朝日出版社という自由な場所を得たオタクは、まさにリゾームという言葉どおり、自由に根を張り巡らせた。しかし彼は、単なるオタクではなく、慧眼の持ち主だった。彼が作り出したものには確かに新しい知が充満していた。一時代を画したといってもいい。それは、レクチュア・ブックスの表紙が象徴的にあらわしている。色とりどりの知が、地層のごとく積み重なりつつ、プレート・テクトニクスによる大陸移動図のようにぶつかり合う。プレートとプレートが出会う場所に、進化の最前線であるガラパゴス諸島が出現した。全く同じように、異なる知が出会う界面に、ホットスポットが次々と出現した。その熱に、私たち若者が感応させられたのだ。

ちなみに、レクチュア・ブックスのこのデザインは、杉浦康平ではなく、粟津潔によるものだ。建築から出発した粟津潔のデザインも実に独特だった。鬼才といっていい。バウムクーヘンのような幾重にも重なる同心円状の線と主張の濃い色。幾何学的な秩序を持ちつつ、現代アートのような自由奔放さを発する。とにかく朝日出版社の本は装丁がなんともかっこよすぎるのだった。

（こんなに最先端のデザイナーたちにどんどん発注して、雑誌や本はちゃんと元がとれていたのだろうか。出版文化が元気だったということなのだろう。）

でも、レンズの焦点が合うためにはまだ時間が必要だった。

10年以上も前のこと。神保町の三省堂書店の裏手に、まだ昭和の面影が残る仕舞屋がそこだけ取り残された一角があった。その一軒が古風なバーに改装されていた。バーの名前は「人魚の嘆き」。谷崎潤一郎の短編小説のタイトルを掲げたことからもわかるとおり、ここは作家や編集者、出版関係の人たちが集まる、いわゆる文壇バーになっていた。引き戸の向こうは、すぐに狭いL字型のカウンターになっていて、いつ覗いても客がひしめきあっていた。つまり、家に帰りたくないか、帰っても居場所のない男たちのたまり場になっていた。店内は暗く、タバコの煙なのか、人いきれなのか、いつも霞んでいて、かつ騒がしかった。密集、密閉、密接。世が世なら、最もクラスターが発生しやすそうなところとして、忌避されるような場所だった。私は、読売新聞の文芸記者Uに連れてきてもらって、この店のことを知った。それから時々、立ち寄るようになった。私も、家に帰りたくない男のひとりだった。

あるとき、店に入って、先客と先客のあいだに割り込ませてもらって、椅子にお尻をなじませると、隣席の人が名刺を差し出してきた。

そこには、「朝日出版社・赤井茂樹」とあった。ああ、あの有名な赤井さんか、とすぐにぴんときた。当時、まじめな学者から、中途半端な物書きに転落しかかっていた私は、本というものが、誰によって作られているのか、その世の中の仕組みがようやくわかってきたところだった。本は、作家が作っているのではなく、別の人間によって作られている。作家を、見つけ、おだて、なだめ、すかして字を書かせる。そんな仕事がこの世界にはあり、その人たちが実は本を作っているのだ。それが編集者という職業である。

赤井さんはそんな編集者の中の編集者、つまりスター編集者だった。スター編集者には誰もが知っているベストセラーがあり、誰もが知っている著者を世に送り出した、という勲章がある。赤井さんは、東大教授の池谷裕二のベストセラー『進化しすぎた脳』を作った編集者である。そして赤井さんの編集部から、(日本学術会議問題で一躍有名になったけれど、読書界ではずっと前から有名だった）加藤陽子・東大教授の名著『それでも、日本人は「戦争」を選んだ』が刊行されている。これらはいずれもレクチュア形式で編まれた本である。著者が優秀な若者相手に白熱講義を行う、という方法論だ。前者は、慶應義塾ニューヨーク学院の生徒を相手に、後者は、進学校の栄光学園の生徒を相手に、それぞれレクチュアがなされた。そしてその臨場感が読者に直に伝わり、とても効果的な成功を収めた。

なぜレクチュアなのか。それは当然であり必然だった。赤井茂樹こそが、朝日出版社にあって、かつてレクチュア・ブックスを立ち上げた、あの中野幹隆の正統な衣鉢をつぐ後継者だったからである。

それだけではない。赤井さんには編集者として、もうひとつすごい勲章がある。泣く子も黙る『Santa Fe』である。ニューメキシコ州のサンタ・フェで、篠山紀信が、女優・宮沢りえのヘアヌード写真を撮り下ろした。当時の宮沢りえは人気絶頂、まだ未成年だった。サンタ・フェは砂漠の中にできた古都であり、ヒッピーたちが集まった芸術の町、写真家の聖地でもあった。メキシコにほど近いサンタ・フェは米国でも最古の都市のひとつで、イタリア・アッシジの聖フランシスコにつらなる聖地、という意味である。

赤井は、秘密裏に撮影チームを組み、完全な隠密行動、印刷・製本工程にも徹底的な箝口令を敷いた。刊行を劇的なものにする最高の演出のためだ。朝日出版社内でも、このことを知るものは原社長と赤井以外ほとんどいなかった。

発刊1か月前に、全国紙に一斉に全面広告が出された。『Santa Fe』はたちまちミリオンセラーとなり、社会現象となった。赤土の大地、古いレンガの街並み。印象的な木彫りの扉の向こうに、宮沢りえの白い裸体が輝いているカバーを憶えている人は多いだろう。写真集の常識を変革した。

私が、なぜ赤井のことをここまで知っているのかといえば、書籍の存在はもちろんのこと、菅付雅信の『東京の編集』（ピエブックス）を読んでいたからだった。

この本は、編集者っていったい何をしている職業なのですか、という問いに極めて明快な解答を示してくれた画期的な本である。日本の少年少女に、将来就きたい職業を問うたとき「編集者」はもっともイメージしにくい仕事のひとつではなかろうか。ところが実は「編集者」とは、少年少女にもっとも夢を与える職業なのだ、ということを教えてくれる本でもある（ただし、それは昭和から平成にかけて、出版文化華やかなりしときのことで、ポストコロナのこれからがどうなるかは定かでない。今のところ、誰も、紙の本や雑誌の未来をきちんと示せた人はいないのだから）。

『東京の編集』は、いわば、スター編集者列伝である。当人への直接インタビューとともに、彼もしくは彼女が作った本が紹介されている。この中に、赤井茂樹の華々しい仕事と、その内幕が紹介されていて、私は、それを眩しいものを見るような気持ちで読んだ。

この書には、赤井茂樹の他、幻冬舎を作った見城徹、『Olive（オリーブ）』と『an・an（アンアン）』の黄金期を築いた淀川美代子、『BRUTUS（ブルータス）』とともに時代を疾走した小黒一三《かずみ》たち、綺羅星のようなスター編集者が取り上げられている。そこには、もちろん編者・菅付自身の熱いリスペクトが込められてもいる。

あるとき、ベストセラーが生まれる。しかし実はそれは著者が生み出したものではない。著者は時代に書かされたのだ。いや、より直截的にいえば時代を嗅ぎとった編集者によって、著者は踊らされただけだ。「こっちが一番やってほしい事は相手の一番出したくないものだから、それをつかみ出して作品にする」。こうして見城徹は郷ひろみの『ダディ』を作った。

あるいは、編集者とは、背と背を向けて無関係を装っているものの間をS字状に回って両者に反応を開始させる触媒的なものともいえる。触媒は大反応を引き起こし、反応産物が生まれるが、触媒自体には変化はない。触媒は何にもなれない。「編集者って誰にでもなれるんですよ。その反面、誰にもなれない」淀川美代子はこう韜晦《とうかい》する。

人を鼓舞し、人を愛し、人をたらす。そういうふうに編集者は時代を作る。「だって、人が生きるという事は、結局全部が嘘なわけでしょ。それは、騙され上手に騙し上手じゃないと楽しくないよ」。小黒一三は、『BRUTUS』を経て、アフリカ・ケニアの大草原を見渡す高台にホテルを建て、環境雑誌『ソトコト』を作って、スローフードやロハスという言葉を広めた。これってすべて嘘ですか。

実は、この小黒一三とは、切っても切れない因縁がある。私に、まじめな学者稼業から足を踏み外すことを教唆したのが彼だった。あるとき京都大学の研究室に電話がかかってきたのだ。それは、今にして思えば、まるでオレオレ詐欺のようなものだったが、研究に行き詰まり、学者生活に倦んでいた私は、ふらふらとその甘言に乗ってしまった。たちまち私には刊行したての新雑誌『ソトコト』への定期執筆の機会が与えられた。それが書き手としての私の最初の一歩だった。学界から足を踏み外すことは、同時に、象牙の塔の中の監獄から、私を救い出し、違う世界を目の前に見せてくれることにもなった。それはまるで、ガラパゴス諸島に漂着した孤独な生物が見た光景のようなものだった。私は何を失い、何を得たのだろう。少なくとも言えることは、私は新しいニッチを得たのだ、ということだった。そういう意味では、私を世に送り出してくれたのは、編集者としての小黒一三だった。ガラパゴスに漂着したカメが、そこに生えていたサボテンの実を食べることができたように、彼は私の命の恩人なのだ。

小黒一三は見城徹と同い年。同じ時をともに駆け抜けた。それぞれ大手出版社から若くして飛び出し、自分の出版社を作った。幻冬舎と木楽舎。2人は同志であり、ライバルであり、同時代人でもあった（どちらも舎がついているところまで似ている。そういえば舎がついている出版社は個性的なところが多い。工作舎とかぷねうま舎とか）。そして水と油でもあった。全くといっていいほど、スタイルと哲学が違うのだ。小黒一三についてはまた別に詳しく書く機会があるだろう。書き残しておくべきことがたくさんある。でもそれは今ではなく、ここでもない。

さて、だいぶん話がそれてしまったが、赤井茂樹と挨拶を交わした「人魚の嘆き」に戻ろう。お互いに飲みながら話をしたので、ちゃんとした記憶はないが「いつかご縁があったら本を一緒に作りましょう」といったことを提案されたと思う。うれしかった。天下の赤井さんである。しかしそれは結局、実現しなかった。レンズの焦点が合うためにはまだ、もう少し水が満ちるような時間が必要だった。

中野幹隆も、その後、赤井茂樹も朝日出版社を去っていった。どんな事情があったのか私は知らない。終わるところから始まることがあったのだろう。編集業は極めて個人的な営みだから、どこでも、どのようにでもできる。でも何者にもなれない。それは触媒だから。

文字を書いて、文字だけで自分の居場所を作り出す。これはたいへんな仕事である。編集者は、そのたいへんな仕事を自分ではせずに、人にやらせるという（ずるい）職業である。そのため、いろいろな手練手管を持っている。そしてそこには自ずと巧拙《こうせつ》が生まれる。

ちょっと偉そうなのだが、以下に書く側からのコメントを。

一番、ダメなパターンは――というか、作家の側にやる気を起こさせないパターンは――「○○と似たような本を作りましょう」と提案してくるタイプである。○○には、その作家が書いた本で、それなりに売れた書名が入る。私の場合なら、たとえば『生物と無生物のあいだ』だろうか。作家は自分の作品を全身全霊をもって書いている。そこにすべてを投入して書いている。そしてそのときだけの勢いというものがある。だから〝似たもの〟はもう書けない。柳の下に2匹目のドジョウはいない。いてもそれは色あせたちんけなものでしかない。

二番目にダメなパターンは――というか、楽なのでつい作家の側も承諾しがちなのだが――「○○さんとの対談本を作りましょう」というものである。○○には旬の人、あるいは、テイストやテーマが似ている人が入る。私の場合なら、たとえば、解剖学者の養老孟司先生と虫から見た世界の話を語ってください、みたいな感じ。2、3回、対談を収録して、あとはこちらでまとめます、となる。楽、というのはそういう意味だ。そして〝こちら〟というところにもアヤがあって、編集者がまとめるのではなく、そういうことに長けたライターが請負い、録音を起こしたり、両人の著作からうまく引用したりして、いっちょうあがり、となる。ここでも編集者はずるいのである。もちろん、できたものは、それなりにわかりやすい、楽しい読み物にはなるものの、どこかで聞いたような、お互い持ち上げあっているような、なんとなく予定調和なものになりがちである。それはそうだろう。だって、それぞれ自分の持ち歌を持ち寄って交代で歌っているようなものだから。

これをもし、対立や論争、討議や批判を含む、本当の真剣勝負にすれば、それはがぜん面白くなるだろう。でも、そうなると、対談者にとっては、もはや全然〝楽〟なものではなくなる。命がけだ。自分で好きに書くよりエネルギーを要する。必死に、対談相手の本を読み込み、疑問点を書き出し、立論を準備しなければならない。私は、一度、京都学派の始祖、哲学者の西田幾多郎の生命論をめぐって、哲学者の池田善昭氏と対談（というか血みどろの格闘を）したことがあるのだが、それはそれはしんどかった。なかなか理解に到達せず、遅々として議論が進まない。相手の言葉に納得できないのだ。全然わからない。どうどうめぐりになる。これはもうダメかもしれない、と途中で、双方ともに投げ出しそうになったことも1回や2回ではすまなかった。対談だけで1年以上かかり、それを本にまとめるのにさらに1年以上かかった。ただし、このとき、対談をまとめたのは、お雇いライターではなかった。哲学科出身の編集者が、対談のすべての現場に立ち会い、呻吟しながらも、全部自分の手でまとめてくれたのだった。だからこそなんとか形になった。ときにずるくない編集者もいるのである。

　ということで、対談本は、低きに流れるとつまらないものになるし、高みを目指そうとすると、その登坂路はとたんに厳しいものになる。対談形式の本は、書き手としては、あまり気がすすまない提案となるのである（といいながらも、何冊も対談本を出してしまったが……）。

　その点、レクチュア・ブックスは優れていた。対談を、予定調和になりがちな、お友達同士にせず、一貫して、専門家VS.文学者、あるいは異分野同士の対決構図で通した。専門家の知を、あるいはその知が目指す方向を、作家がその文学的な想像力を使って、うまく聞き出し、巧みに引き出す。その試みがだいたいの場合、荒削りながら、成功を収めた。

　今はなぜか、このようなことが極めて難しくなってしまった。議論ということ自体が避けられるようになり、また、あったとしても、SNSの喧嘩のように、マウントや揚げ足のとりあいに終始し、それに疲れて黙ると、黙った方は、逃げたとなり、揚げ足をとったほうが論破した、ということになる。

　それと、専門家の専門知が細分化されすぎたことも理由かもしれない。専門家の側に、自分の専門を中核としたビッグピクチャーを見せる文学的な（あるいは文系的な）素養がなくなってきた。自分の研究に思想史的な位置づけや、現代的意味を付与できないのだ。同時に、聞き手となる文学者の方にも、細分化されすぎた専門家に、細分化されすぎたとはいえ、その内部に秘されているはずの物語を物語らせるだけの解析力や想像力がなくなってきているからだろう。

では、書き手にとって、やる気を起こさせてくれるような提案とはどのようなものだろう。それは、端的に言って、書き手が、ずっとやりたいと思っていたことを実現してくれるような提案、あるいは、やり損ねた・やり残したことをもう一度形にしてくれるような提案である。

私にとって、ずっとやりたいと思っていたこと、やり損ねたこと。それは、ガラパゴスに行きたい、ということに尽きる。生物学を志した者の聖地。一生に一度でいいから見てみたい。しかし、もちろん、こんな企画がすんなり決まるはずもない。なんせ、この出版不況の今、本を作ることはたいへんなのである。二番煎じ本や対談本が次々と出てくるのは、第一に、安上がりである、という点が大きいのだ。いくら作家が行ってみたいからといって、はいどうぞ、といってガラパゴスに取材旅行に行かせてくれるような、そんな太っ腹な出版社はありえない。

本を作る際には、厳密な損益分岐点の表を作らないと、社内稟議が通らないのだ。つまり、この内容の本ならこの程度の経費をかけて、これくらい部数が出れば、とりあえずは損にはなりません、という分岐点を示すわけだ。だいたい、普通の本（つまり作家の原稿料と通常の製本、印刷代だけがかかる本）で、定価1500円なら、6000部、みたいな感じだろうか。

新書のように次々出る本なら、装丁フォーマットが決まっているので余分な経費がかからない分、ノルマ冊数をこなさないとならない。だから点数と作成期間が重要となる。毎月一定の刊行数を維持しないと、新書が並ぶ書店棚の自社コーナーを維持できないのだ。それから本というものは不思議なもので、とりあえず作って発行して書店に並べば、それで「売上」になる。売れなくても売上である。つまり経理上は版元（出版社）の収益になる。ところが、半年ほどが経過し、店頭で売れない本は本屋さんから版元へ返品されてくる。するとその時点で「売上」は消える。なので、その分、また新しいものを出して「売上」を立て続けなければならない。つまり出版業とは自転車操業なのだ。自転車は走り続けないと、倒れてしまう。

そしてこれはあくまで、普通の本の話。私をガラパゴスに送り込んで、船と乗組員をチャーターし、現地の通訳とネイチャー・ガイドを雇い……ということなら、あっという間にすごい経費となる。旅費だって、ちょっと沖縄に行くみたいなことではなく、南米の、そのまたかなた海上のガラパゴスである。そして、書き手の私だけが行くのではなく、フォトグラファーなどもあわせて、全員の旅費が必要となるのだ。こんなに経費がかかる本の損益分岐点はいったいどんなことになるのだろう。それこそ『Santa Fe』くらい売れないと元がとれない。でも、むろん私には、宮沢りえみたいな若さもエロス資本もない。

この私のガラパゴス旅行記を、単なる紙の単行本としてではなく、こんな話でも面白いと思って読んでくださる本好きのあなたのもとに、ネットを含めたいろいろな形でお届けしているのは、こんな事情が背景にあるからなのである。いわば、読書の新しい形を試みようとしているのである（詳しくは後ろの頁に記載しているリンク先を参照）。

朝日出版社の編集者、仁藤輝夫氏が、時々私の近くに出没するようになったのは、先に書いたテレビ企画のガラパゴス行きが潰《つい》えてしまってから、もう随分経った頃だったと思う。私の講演や読書イベント、あるいは新刊のサイン会などにやってきてくれて、会場にいるときは、気配を消していてわからないのだが、終わると近づいてきて「ああ、来ていただいてたんですね」「はい」みたいに、一言、二言言葉を交わす。〝最近読んで面白かった本〟をくれたことも何度もある。それは別に自社刊行物ではなく、純粋に自分が本屋で見つけた面白い本ということで、いつもちょっと変わっていた。顕微鏡キットがついた少年向けの学習雑誌や、ヘラクレスオオカブトムシの模型をくれたりしたこともあった。風貌は、なんといえばいいのか、『ゲゲゲの鬼太郎』に出てくるような、生気のない、印象の薄い人物だった（スミマセン）。先にも書いたとおり、私は、人の顔と名前と所属がうまく覚えられないたちなので、なかなか仁藤さんの輪郭にレンズの焦点が合わなかった。何度も、イベントに足を運んでくれて、名刺もいただいているのに、大変失礼ながら、いつも、この人、どこかで見たことあるな、みたいな感じだった。

でも、だんだんわかってきた。この人こそは、かの朝日出版社の、あの独特のカルチュア路線を継ぐ、スター編集者だったのだ。中野幹隆や赤井茂樹たちに連なる、不思議な磁力を持った編集者なのだ。その磁力の発生源は、あとになって、ほんとうにわかった。

あるとき、私は本書の編集打ち合わせに出向いた。

ここが仁藤部屋です。扉が開かれた。飛び込んできた光景に私はめまいがした。そして感嘆の声を上げた。す、すごい。なんと形容したらいいのだろう。壁という壁、机という机、床という床、あらゆるところに本が積み上がっていた。いや、散らばっていた。ビデオやDVDのパッケージのようなものもぎっしりパイルされていたり、それがくずれかかったりしていた。

ちょっとした古本屋一軒分くらいはあるだろう。ただし、もしそれが本棚に並んでいれば、ということで、この乱雑さでは全く商売にならない。汚部屋というかゴミ屋敷だ。ただし、捨てられない生ゴミやカップラーメンの容器が散乱しているのではなく、異臭がするわけでもない。ただ、あらゆるタイトルと文字が縦横無尽、縦横斜めに散らばっているのだ。まるで、杉浦康平のデザインみたいに。その部屋の奥に――部屋はかなり広く、私の大学の教授室の2倍くらいはある――仁藤さんの執務机があるのだが、その周辺も本で埋もれていて、もはやどこが机で椅子なのかも判然としなかった。

そして、彼が、こんなに広い特別室を与えられているのは、重役待遇を受けているからではなく、この無限に増殖する本と、カオティックな磁場からたえず漏れ出てくる強力な放射線を遮蔽するため、ここに石棺として封じこめられているのだった。でも、ほんとうに新しいもの、ほんとうに面白いもの、そのときはわからないものの時代を先取りするもの、『エピステーメー』やレクチュア・ブックスや『モノンクル』に代表されるような、そんな雑なるものとしての雑誌性は、このようなカオスの中で、ドットがぶつかって発火することでしか生まれない。仁藤さんの磁力の源は、この膨大な、そして互いに脈絡のない、無数のドットがときに互いに共鳴することから生まれているのだ。

その仁藤さんが、最初に投げてきた変化球はこうだった。

「福岡さん、あの『課外授業 ようこそ先輩』を本にしましょう」。『ようこそ先輩』というのは、ご存じの方も多いと思うが、ＮＨＫの人気シリーズ番組。いろいろな分野の仕事で活躍している人——映画監督とか、建築家とか、詩人とか、芸術家とか、俳優とか——が、自分の母校を再訪し、そこの生徒を相手に独自の模擬授業を行う、という企画である。もう随分前のことになるのだが、私のところにも依頼がきた（今、あらためて調べてみると放送は２００７年2月のこと）。私は、大学の生物学の先生だから、教壇に立って教えること自体は日常的な仕事である。しかし『ようこそ先輩』の目的は、教科として生物学を教えることではなく、〝先輩〟として、なんらかの形で独自の人生哲学を語らなくてはならない。しかも、小学生を相手に。

私は、いろいろな思索を経てたどり着いた自分の生命観＝動的平衡論を話すことにした。というよりも、私の持ち歌はそれしかない。生命体としての身体。これは確固たる自分のものだと思っているけれど、実はそうでない。私たちの身体は個（固）体ではなく、むしろ流体だ。様々なものが流入し、いっとき、私の身体を形作るけれど、たちまち流れ出ていく。そして生命はこの流れの中にある。流れの中で、絶えず壊しつつ、作り替える。この微妙なバランスが、動的平衡である。この動的平衡が、生命をして、変化に適応させ、エントロピー増大の法則に抗させ、傷を治し、ウイルスと戦い、病気から回復させる。そして、私たちに生きているという実感を与え、時間の感覚を与える。なによりも、生命を動的に変化させ、進化の契機を与える。

さて、これをどのように小学生に伝えよう。私はＮＨＫのスタッフとともに、作戦を練った。

私は幼少時に東京から千葉県の松戸という街に引っ越し、駅の近くの高台にある相模台小学校というところを卒業した。だから『ようこそ先輩』も、ここの6年生を相手に授業することになった。そこはさすがＮＨＫ。講師の私、生徒たちの反応を撮るために左右に1台ずつ、さらに全体像を撮影するために天井にまで、カメラが設置された。

収録は、実質1時間ずつ、２日にわたって行われた。私は、あらかじめ生徒たちに宿題を出しておいた。その前の1週間のあいだに食べた食べ物、飲んだ飲み物を記録しておいてもらったのだ。それから体重の変化も。でも、献立の内容が大事なのではない。食べたものの「重さ」が大事なのだ。

小学生とはいえ6年生にもなると食欲旺盛。1日3食、ごはん、パン、おかず、合わせてかるく1キログラムは食べる。それから水を含め、飲み物も2リットル近く飲む。だから、生徒たちは、この1週間で、個人差はあるものの20キロくらい飲み食いしていることになる。

では、生徒たちが1日に「出す」ものは？　私は、紙粘土を用意しておいて、みんなに自分の出したものの模型を作ってもらって、その重さを量った。５００グラムくらい。それから、おしっこ。これも個人差があるけれど、1日合わせると1リットルくらい。そうすると、出ていくものは、1・5キロ×7日だから、およそ10・5キロ。食べたものは、20キロ。その差は、9・5キロ。


「きみたち、この1週間で、9・5キロも体重増えたかい？」

「やーだ」

「ふえてなーい」

「かわってない」

「むしろ、減った」

「じゃあ、食べたものと出たものの差の、9・5キロはいったいどこへいっちゃったんだろう？」

「フケとか……」

「9・5キロもフケでるかなあ」

「抜けた髪の毛？」

「髪の毛もそんなにないよ」

「あっ、汗だ」

「うん、それはあるかもね。でも、汗だけじゃ説明できないよ」

「何かなあ」

「みんなよく深呼吸して考えてみよう。スー、ハー、スー、ハー」

「あっ、息だ」

「それはいいところに気がついたね」

私は、二酸化炭素の濃度を測ることができる簡単なキットを用意してきていた。それを使って、吸う息と吐く息とでは、100倍も二酸化炭素の濃度が違うことを確かめる。ビニール袋を使って、1回に吐く息の量を測り、1分間の呼吸回数を数え、いったい1日に、どれくらい二酸化炭素を吐き出しているか計算してみる。

すると、私たちは1日に1キログラムも二酸化炭素を吐き出していることがわかる。1週間なら7キロ。ほらね。だんだん収支が合ってきたでしょ。

「じゃあ、この吐く息に含まれる二酸化炭素はもともと何だったんだろう」

しばらくみんなで考える。ようやく答えがわかってくる。

「食べた食べ物だ」

自動車を動かすには燃料としてガソリンがいる。

自分の身体を動かすにも燃料として食べ物がいる。

ガソリンは燃やされて、二酸化炭素になる。

食べ物も燃やされて、二酸化炭素になる。

そう思うでしょ。でも、実は、違うんだ。燃やされているのは、実は、ぼくたち自身の身体なんだよ。

そこで、私は黒板に貼れるカラーマグネットをたくさん取り出して、ルドルフ・シェーンハイマーの実験をみんなで再現してみることにする。シェーンハイマーは、今から100年ほど前、同位体元素というものをマーカーに使って、食べ物の成分と、生命体の身体の成分が絶えまなく入れ替わっていることを証明した科学者。動的平衡論の基礎を作った人物である。でも、ここではそういう人名や術語は極力使わない。

食べ物に含まれる原子の粒が、生命体の身体に入るとどうなるかを調べる実験。生命体の身体もまた原子の粒の集まり。原子の粒が混じり合うと、どれがどこにいくかわからなくなってしまう。なので、食べ物の原子の方に、見えない方法で印をつけておく。それが同位体というんだけれど、今日は、そんなことはどうでもいい。

実は、どれも同じように見える黄色のカラーマグネットだけど、教室の明かりを消して、ブラックライト（紫外光）をあてると、標識した食べ物のカラーマグネットだけが光るように細工されている。これを利用して、食べ物の原子が絶えず身体の中に入って、身体の構成成分となりつつ、身体の構成成分はどんどん酸化されたり、分解されたりして身体から抜け出していく。

だからさ、昨日のきみと今日のきみでは、もう身体の原子は違うんだ。ちょっと前のきみと今日のきみでは、その間に食べたものの原子とのあいだで、かなり入れ替わっている。1年経つと、去年、きみを形作っていた原子はもうほとんど残っていないよ。別人になっているんだ。よく、久しぶりに会った人と、「お変わりありませんね」なんて挨拶するけど、あれは間違っているんだよ。ほんとは「お変わりありまくりですね」が正しいんだ。だから、ぼくたちはどんどん変わっていいし、嫌なことを忘れていいし、ほんとは約束なんかも守らなくていいんだ。だって毎日、生まれ変わっているんだからね。

ということで、1日目は終わり。みんな目を輝かせて一緒に考えてくれたね。ありがとう。このあと放課後は、それぞれの生徒ごとに、近くのスーパーやお店に出かけていって、食べ物がいったいどこからどのようにやってきているのか調べてもらった。

2日目はそれを発表してもらう。

魚、肉、野菜、穀物、バター、調味料、お菓子、加工食品の数々……。

国産品もあるけれど、いろんな地方から来ているし、外国産は、それこそアジア、アメリカ、カナダ、南米、ヨーロッパ……食べ物はありとあらゆる国からやってきている。それが全部、ぼくたちの身体の中に入り、しばし身体を形作り、そして次の瞬間には、外へ流れ出ていく。じゃあ、呼気の二酸化炭素はどこへいくのかな。教室の窓から外へ抜け出ていき、校庭の丘にある桜の葉っぱに吸収される。桜の葉っぱは毛虫に食べられ、その毛虫は、鳥に食べられる。鳥はどこか遠い場所に飛んでいって、そこで土に還る。土の中ではミミズや微生物たちが活動している……。

みんなで体育館に移動し、それぞれ手を繋いで、この食物連鎖の環を作ってもらう。そして環境がつながっていること、生命活動が常にバトンタッチされていること、それを駆動しているおおもとのエネルギーは太陽光であることを実感してもらう。これで授業は終わり。

我ながら、なかなかよい授業だったと思う。生徒たちもしっかりついてきてくれた。私はちょうど、著書『生物と無生物のあいだ』を書いているときだったので、よけいに動的平衡の問題意識の中にどっぷり浸かっていたこともあり、存分に語ることができた。ちょっと難しいところもあったかもしれないけれど、生徒たちはそれなりに、何かを掴んでくれたと思う。生命とは何か、という大きな問いに対する答え。食べることは生きることだということ。私は私が食べたものでできているということ。そしてそれがどんどん流れているということ。その流れが地球全体の生命を支えているということ。

朝日出版社の仁藤さんは、どこかでこの番組を見ていてくれていた。とにもかくにも作家の本を徹底的に読んでくれているというのは、編集者としては当然のことながら、作家にとって、こんなにうれしいことはない。しかも本だけでなく、こんなに前のテレビ番組まで見てくれていたのだ（かたや、きょうび、取材相手の著書などほとんど読まないまま、ネットでちょろちょろっとプロフィールを見たくらいで、インタビューを申し込んでくるような取材者も普通にいる時代である）。

仁藤さんは、私がそれをいつか形にしたいと思っていることを悟ってこんな提案をしてきたのである。

「あの番組はよかったですね〜。すばらしいですよ。あれをぜひ、本にしましょう」

しかし、彼が熟達の編集者なのは、単にテレビ番組を成書化しようと言ってきただけではないところにあった。私がひとつ〝やり残していたこと〟をそこに含むような企画を出してきたのである。

「あの番組が放送されたのはもう10年以上前ですよね。あのとき福岡さんが教えた小学6年生はもうみんな成人していますよ。その人たちを探し出してきて、集まってもらって、福岡さんの授業を憶えているか、そのあとどんなことを考えてきたか、今、何をしているのか、そんなことを語り合う場を作りましょう。そこで、あらためて福岡さんが何かを講義してくれてもいいです。『ようこそ先輩リターンズ』です」

そうなのだ。私が、やり残していたこと、気がかりだったことは、彼ら彼女らが今どうしているのか、元気にしているのか、その消息を知りたいなあ、と思っていたことだった。もうみんな社会人になっている頃だろう。それぞれどんな仕事をしているのだろう。もし、生徒たちが、私の講義を憶えてくれていたら、そしてそれが少しでも彼らの人生に役立っているのなら……そんな話を聞いたら、たぶん私は感極まってしまうだろう。やはり編集者はずるいのだ。

よくよく考えてみると、熱心な聞き手（もしくは生徒）を選んできて、それを相手に著者が白熱講義をするというのは、レクチュア・ブックス以来の朝日出版社のお家芸ではないか。完全に一本取られた。これはもうやらざるを得ない。

そんなこんなで、朝日出版社とご縁ができ、企画の相談などを進めていたときのこと。

あるトークショーか何かの機会に、私は、こんな話をした。人生百年時代。壮年になったときこそ、後半戦を生きなおすことを考えるべきである。そのためには自分の原点にもう一度立ち返る必要があるのではないか。原点とはかつて好きだったこと、夢中になったこと、自分のセンス・オブ・ワンダーを思い出すこと。そして、その原点に立って、子どもの頃からの憧れだったことを今こそ実現してみようとすること。

では、福岡さんの原点とは何ですか。それは、顕微鏡のレンズを覗いたとき、その奥に見えた生命の小宇宙に鳥肌が立ったあの感覚です。生命の本来の姿、ピュシスに触れたときの驚きです。

では、福岡さんがその原点に立ち返るためには、どうすればいいのですか。

それはシンプルです。シンプルですけど、ほぼ実現不可能です。

というと？

地球上に残された唯一のピュシスの現場、進化の最前線、ガラパゴス諸島に行くことです。ガラパゴスに行って、かのダーウィンの航路をたどって、彼が見た光景を私もこの目で見ることです。

仁藤さんは言った。

「それなら実現できるかもしれません」

「ほんとうですか!?」

レンズの焦点が、ようやく仁藤さんの輪郭を正確に、くっきりと浮かび上がらせた。

「始まり」のための後日談

旅の始まりの前に、あらかじめ読者にお話ししておかねばならないことがある。それは、この旅のすぐ「あと」に勃発した事態についてのことである。いうまでもない。コロナ・パンデミックだ。世界がこれほどまでに新型コロナウイルス問題に苛まれているというのに、ガラパゴスの旅など、福岡伸一はなんと脳天気な、あるいは不謹慎なことを言っているのか、とお思いの方もおられると思う。

今となっては言い訳に聞こえるかもしれないが、この旅が始まろうとする2020年3月のはじめ、世界はまだ正常に運行されていた。成田空港はいつもどおり混雑していたし、国際線はごく普通に発着していた。中国に端を発した新型コロナ肺炎の問題は、クルーズ船「ダイヤモンド・プリンセス号」の集団感染や、隅田川の屋形船の乗客のクラスターなどが報道されてはいたが、これほどまで急速に世界を覆い尽くすとは、誰もがまだ予想だにしていなかった。私たちが向かおうとしていた北米と南米でも、この時点では、コロナ問題は完全に対岸の火事とみなされていた。

事実、私たちはごく普通に日本を出国し、何の問題もなく米国に到着し、ついでエクアドルに入国した。そして夢にまで見た旅、想像を絶する旅、ガラパゴス探訪が始まった。

事態が急変したのは、ガラパゴスの旅が終わった直後だった。

ガラパゴス探検を終えた私たち一行は、最後の島、サン・クリストバル島の空港からグアヤキル経由で、エクアドルの首都キトに戻った。空港で、通訳のミッチさんとさよならの挨拶を交わしたあと、翌朝、乗継地の米国ダラス・フォートワース国際空港に着いた。米国入国も全くスムーズで、特別な検査や検温などは何もなかった。私は、日本に戻るフォトグラファーの阿部さんと別れ、ロックフェラー大学のあるニューヨーク行きの飛行機のゲートへ向かった。3月残りの春休みをニューヨークで過ごす予定だった。飛行機はその日の午後、ニューヨーク・ラガーディア空港に着き、イエローキャブを拾って、マンハッタンのアパートに着いた。道端には白い可憐なマメナシの花が咲きかけていた。ニューヨークの街に春を告げる街路樹だ。私は、ほっと一息をつきながら、荷解きをしたり、洗濯物を仕分けしたり、資料類をまとめたり、シャワーを浴びたりした。しばらくは旅の疲れをいやしたいと思った。それが2020年3月11日のことだった。

テレビをつけると、ニューヨーク郊外の小さな町ニューロシェルで、新型コロナウイルスの集団発生が起きたことを伝えていた。しかしこの時点では、きたるべき感染爆発の規模の大きさを私は全く予想できていなかった。翌日からあれよあれよというちに、ニューヨーク州および全米で感染者の数が指数関数的に急上昇していった。数千から数万、そして数十万に達するのはあっという間だった。学校が閉鎖され、都市がロックダウンされた。ブロードウェイ、カーネギーホール、メトロポリタン美術館……ニューヨークの観光名所が次々と閉館し、レストランやバーも休業、不要な外出が禁止された。ロックフェラー大学も入構停止、研究もストップした。私はアパートに幽閉された。ほんとうに沈黙の春がやってきた。

一方、エクアドルでもたいへんな事態が出来《しゅったい》していた。

私たちが訪問したときは平和そのものだった。中国・武漢でのコロナ肺炎発生のニュースを受けて、首都キトの空港では、係員が発熱検査をする程度で、緊迫感や危機感は全くなかった。ガラパゴス諸島でも、最後の日に観光ボートに乗り合わせたイスラエル人とポーランド人のダイバーが、我々アジア人を見て、コロナ肺炎の軽口を叩いている程度だった。つまりみんな遠いどこかの国の他人ごとでしかなかった。ところがである。我々がエクアドルをあとにした直後から、感染者が猛烈な勢いで増加しはじめた。特に首都キトでは、低所得者が住む地域で医療崩壊をもたらした。収容できない感染者の遺体が路上に放置された写真が、通信社のニュースに乗って全世界に発信された。航空路が遮断された。

本土エクアドルから約1000キロ離れたガラパゴスも無事ではすまなかった。たくさんの観光客が流入してくるからだ。時事通信によれば、2020年3月23日、ガラパゴスで最初の4人の感染者が確認された。1人は旅行者、3人は島民だったが、みな本土の商業都市グアヤキルに滞在していた。エクアドルでは3月24日までに1082人の感染者が確認され、27人が死亡。エクアドル政府は3月16日からガラパゴス国立公園への旅行客立ち入りを禁じた。

つまり私たちは危機一髪だったのだ。もう少し旅程が遅かったらガラパゴスに入ることができなかった。あるいはエクアドル国内に足止めされて、国外に出ることすらできなかったかもしれない。

新型コロナウイルスは、私たちにウイルスと人間の関係を突きつけた。グローバリズムと感染症の問題を提起した。人命尊重と経済活動のジレンマを露呈させた。そしてなによりも、目に見えないウイルスの振る舞いは、生命とは何か、という本質的な哲学的問いを私に再考させた。

ウイルスとは電子顕微鏡でしか見ることのできない極小の粒子であり、生物と無生物のあいだに漂う奇妙な存在だ。生命を、自己複製を唯一無二の目的とするシステムである、と利己的遺伝子論的に定義すれば、宿主から宿主に乗り移って自らのコピーを増やし続けるウイルスは、とりもなおさず典型的な生命体と呼べるだろう。しかし生命をもうひとつ別の視点から定義すれば、そう簡単な話にはならない。それは生命を、絶えず自らを壊しつつ、常に作り変えて、エントロピー増大の法則に抗いつつ、あやうい一回性のバランスの上に立つ動的なシステムである、と定義する見方——つまり、動的平衡の生命観に立てば——代謝も呼吸も自己破壊もないウイルスは生物とは呼べないことになる。しかしウイルスは単なる無生物でもない。ウイルスの振る舞いをよく見ると、ウイルスは自己複製だけしている利己的な存在ではない。むしろウイルスは利他的な存在である。

利他性は、動的平衡と並んで、私の生命観のキーワードでもある。生命の進化は利他性の上に成り立っている。それゆえ、はからずも勃発した新型コロナウイルスの問題は、本書ガラパゴスの旅の通奏低音とも深く重なってくることになった。

読者のみなさんにはこのあたりが伏線になることを予告しつつ。まずは『生命海流』の物語にお付き合いいただきたい。

[登場人物]

オズワルド・チャピ（愛称チャピ）

ネイチャー・ガイド、元・ガラパゴス国立公園管理局員。

物知りだが寡黙。

ホンモノのナチュラリスト（タフ）。

福岡伸一 ハカセ

この旅日記の筆者。

“私”。

生物学者、自然のすべてを愛するナチュラリスト（しかし実はひ弱なナチュラリスト）。

ジョージ・アヴィレス（愛称ジョージ）

マーベル号のコックさん。

すばらしい腕前。

エドアルド・コセロ（愛称ヴィコ）

マーベル号船長。

頼りがいのある海の男。

鳥居道由（愛称ミッチ）

通訳・旅のコーディネーター。

エクアドル生まれ・育ち。

フランシスコ・サンティリヤン（愛称グァーポ）

マーベル号副船長。

操船技術は抜群。

阿部雄介

ネイチャー・フォトグラファー。

よい写真を撮るためならたとえ火の中、水の中。

フリオ・モレータ（愛称フリオ）

マーベル号船員。

よろず雑用係。

よく働く若者。

旅の行程

まず、今回の旅のイティネラリー（行程）を説明しておこう。巻頭のガラパゴス諸島の航海図を見てほしい。

ダーウィンの乗ったビーグル号は、イギリスを出港して大西洋を南下、南米のブラジル沿岸に寄港しながら南端のマゼラン海峡を回って太平洋に出て、そこから北上しながらガラパゴス諸島を目指した。彼らが最初に到達したのは、諸島東部のサン・クリストバル島。1835年9月15日のことだった。そこからダーウィンは、フロレアナ島、イサベラ島、ボリバル海峡を抜けて赤道を越え、サンティアゴ島を訪問、滞在した。サンティアゴ島を最後に、ガラパゴス諸島をあとにして、次の探検地タヒチに向かった。

ダーウィンの旅路を再現するにあたって、その全行程を船旅で踏襲することはさすがに不可能なので、私たちは空路で、ガラパゴス諸島の拠点であるサンタ・クルス島に入り（ここに空港がある）、そこから我がマーベル号に乗って、ダーウィンと同じ航路、すなわち、フロレアナ島、イサベラ島、ボリバル海峡を抜けて赤道を越え、サンティアゴ島をめぐることとした。そのあと、ダーウィンの最初の寄港地、サン・クリストバル島を訪問した。

日本からはかなり長時間の旅程となる。南米への直行便はないので、まず成田から米国ダラス・フォートワース国際空港に入る。約13時間のフライト。そこから別の航空会社のフライトに乗り換え、南米エクアドルを目指す。これが約7時間。ようやくエクアドルの首都キトに到着する。ここから国内のローカル航空を使って、海岸の商都グアヤキルを経由して、そこから1000キロ先、絶海の孤島ガラパゴス諸島に飛ぶことになる。先に記したように、ガラパゴスの空港は、サンタ・クルス島にある。より正確にいえば、サンタ・クルス島に隣接した火山島バルトラ島にある。

そこで、この旅の記録は、前の日の夜遅くに到着しわずかな仮眠をとったあと、早朝、キトにある空港を出発したフライトの窓から見えた、アンデス山脈の光景から始めることにしたい。これが私にとってはじめての南米体験となったからだ。

2020.03.04

DEPARTURE

チンボラソ山

２０２０年３月３日の早朝。ようやく夜が明けようとする頃、山間部の高地にあるエクアドルの首都キトから飛行機に搭乗した。太平洋に面した港湾の商都グアヤキルまで、小一時間のフライト、そしてそこから太平洋を越えていよいよガラパゴス諸島に向かうことになる。

まだ、世界が、これほどまでにコロナ問題一色に覆われてしまうとはつゆほどにも想像ができない、天気のよい朝だった。キトの空気はこの都市が赤道近くに位置しているというのに、ひんやりしていた。聞けばキトの標高は２８５０メートルもあるという。視界の向こうには高い山々の壁がそびえ立っていた。我々を乗せた飛行機は軽々と離陸した。

途中、左の窓際に座っていた私は、ひときわ高い尖った山頂が雲間から突き出してそびえているのを眺め見ることができた。それは富士山のように孤立して屹立し、山頂には雪を頂き、きれいな裾野を従えていた。隣の地元民に聞いてみるとコトパクシ山だと教えてくれた。コトパクシ山を見送ってしばらくすると、さらに遠くに霞む高峰が垣間見えた。私が聞く前に、隣人がまた、あれはエクアドル最高峰のチンボラソ山だと教えてくれた。ああ、あれが有名なチンボラソ山か、と思った。

コトパクシ山もチンボラソ山も、エクアドルを縦走するアンデス山脈の中の秀峰である。地図で調べてみるとチンボラソ山の標高（海抜高度）は６２６８メートル、コトパクシ山は

5897メートル。富士山よりも遥かに高い。むしろヒマラヤレベルだ。ところで、実は、チンボラソ山こそが、エベレスト山よりも高い、世界最高峰の山岳である、というと驚く人もいるかもしれない。が、この頓智クイズの種明かしは、地球は赤道周囲の方が膨れているから、ということである。つまり地球はみかん型をしている。地球の中心からの距離を測ると、赤道近くにあるチンボラソ山頂の方が、エベレスト山頂よりも遠い位置にある（地球の中心からの距離はチンボラソが約6384・4キロ、エベレストが約6382・3キロとなり、約2・1キロ、チンボラソの方が〝高い〟ことになる）。

さて、そんなチンボラソ山が有名だと言ったのは観光的に、という意味だけでなく、科学的に、という意味だ。チンボラソという妙な名前は現地語で「青い雪」のこと。

1738年、フランスの科学者ピエール・ブーゲとシャルル＝マリー・ド・ラ・コンダミーヌははるばるこの南米の高山に出かけて、苦労の末、さまざまな測量を行った。それに先立つ、ニュートンの名著『プリンキピア』（1687年）には次のような予言が書かれていた。振り子を吊り下げると、振り子は地球の引力によってその中心に向かって引っ張られる。このとき、振り子の近くに巨大な山塊があれば、振り子は山塊の引力にも引かれ、真の鉛直方向に対してわずかにずれる。このズレの角度を、天空の星を目印にして精密に測定すると、山と地球の引力の強さを計算することができる。山の体積は測量によって、山の重量は山を構成する岩石の成分から、大まかに割り出すことができる。すると山の密度が求まる。このデータと角度のズレから、今度は、地球の密度を推定することができる。彼らはチンボラソ山を使ってこの実験を行ってみたのだ。チンボラソ山は、日本の富士山に似て、周辺の山から離れた巨大な孤立峰である。この実験を行うにはこのような孤立した山塊が適しているのだ。

結果は、地球の密度は思った以上に高い、というものだった。それまで、地球の内部は実は空洞になっているのではないか、というような推定もあったのだが、空洞などではなく、山の岩石などより遥かに重い鉄のような物質がぎっしり詰まっている、ということが初めて示唆されたのである。日本でいうと江戸時代中頃、地球規模でこんな壮大な測量を実施しようとした人々がいた。それにもましてニュートンの予言のすばらしいこと。やはりニュートンは偉大である。いずれも17世紀から18世紀のこと。このような知的探求がその後、地球全体が巨大な磁石であることや、見えない磁力線に覆われていることなど、地球科学の大発展につながっていったのである。そんな歴史的時間軸の上を横切りながら、今、私はガラパゴスに向かっているのだ。おのずと胸が高まる。

思いをめぐらせているうちに、飛行機はあっという間にグアヤキルの空港に着いた。グアヤキルで乗り降りする客を入れ替えたあと、太平洋の大海原を眼下に、一路、ガラパゴス諸島に向かった。ここからがほんとうの旅の始まりだ。

2020年3月4日　出航

マーベル号の出航は午前1時と決まった。なぜこんな真夜中過ぎの時間になったのか。それは、私の身勝手な希望と、めぐる島々の予定と、船の速度とを勘案した結果、マーベル号船長のヴィコが、逆算して出した日程だったからである。私の身勝手な希望とは、1835年、ここガラパゴス諸島を訪問した進化論の祖、チャールズ・ダーウィンの乗ったイギリス艦船ビーグル号のたどった航路を、できるだけ忠実にたどりたい、そしてダーウィンが見たであろう光景を同じように眺めてみたい、という贅沢かつ欲張りなものだった。ビーグル号は1か月あまりをかけてガラパゴスの主要な島をめぐり、重要な海峡をくぐり抜け、十分な調査、測量を行った。それをほんの1週間ほどで追体験しようというのだ。そもそも、ビーグル号の正式名称は、H.M.S. Beagle, Her (His) Majesty's Ship. すなわち女王（当時は国王）陛下の船である。イギリス海軍軍人を中心に乗員74名、大砲6門を搭載する立派な軍艦だった。表向きは調査・測量が任務だったが、真の目的は、大英帝国の海外進出のための地政学的拠点を確保することだった。

このビーグル号の航路を全部トレースするには、通常のガラパゴスの観光クルーズや定期路線では無理である。なので独自に船をチャーターしなければならない。これが贅沢ということの謂《いわれ》である。船を1週間借り切るには、操船のための船長、副船長、船員、それから料理人すべてを雇いあげ、燃料、水、食材を積み込まなくてはならない。ヴィコ船長、グァーポ副船長、船員のフリオ、料理人のジョージの４人が船乗りメンバーである。

それからガラパゴスはそのほとんどが国立公園となっており、自然保護のための規則があり、立ち入れる場所と立ち入れない場所が厳密に決められている。そして、チャーター船であったとしても、そこに必ず指定のネイチャー・ガイドを同行させ、ガイドの管理の下、観察や行動をしなければならない決まりになっている。そのため、私たちは、ガラパゴス国立公園管理局に勤めていたチャピさんに来てもらった。

船員もガイドもみなガラパゴスの人で会話はスペイン語である。なので、通訳兼今回の旅行の下準備をしてもらったエクアドル在住の日本人、ミッチさんにも来てもらった。彼は両親が日本人で、日本語・スペイン語のバイリンガルだが、エクアドル生まれ、エクアドル育ち、奥さんもエクアドルの人、という生粋のエクアドル人である。小さい頃からサッカーとサルサで育った。南米の少年がモテるためには、第一にサッカーがうまいこと、第二にサルサ（ダンス）がうまいこと、だそうな。ああ、南米に生まれなくてよかった（といっても、日本でもモテたわけでは全然ないが）。

ミッチさんがいなかったら、南米の荒くれ男（つまり船員たち）と渡り合っていくのはまず不可能で、にっちもさっちも行かなかった。南米ではまずはアミーゴ（友だち）にならないことには何ごとも動かず、アミーゴになるためにはまずは言葉の機微がわからないことには何ごとも始まらないからである。

日本からは、私、福岡ハカセの他、映像記録担当兼お目付け役として、自然派フォトグラファーの阿部雄介さんが同行してくれた。お目付け役、というのは、福岡ハカセが調子に乗って、採集禁止の昆虫を持ち出したり、ゾウガメの甲羅に触ったり、貝や骨をお土産にしないように、という意味である。ガラパゴスの自然物は、生物であれ無生物（岩石や土壌など）であれ、どれも島外への持ち出しは厳禁で、島から島への移動も禁じられている。なので靴やズボンについた砂はきれいに落とさなくてはならず、サンプルも顕微鏡観察や撮影をしたのちは、すべて元の場所に戻すことが義務付けられた。

「こそっと持ち出したらどうなりますか」とミッチさんに聞いてみた。

「空港で、手荷物検査があり、トランクもX線装置を通しますので、見つかったら大変です。貝がらくらいだったら、没収の上、始末書、それから今後一切ガラパゴスへの訪問を禁じられますね。もし、もっと重要なものを持ち出そうとしたら、逮捕されて牢屋ですね。南米の牢屋に入ると生命の危険があります」

うわわわ。それこそ南米の荒くれ男たちにシャワー室の隅などに追い詰められてしまうのだ。看守もグルなので見て見ぬ振り。恐ろしい……。

「実際、そんなことありましたか」

「ええ。かなり前ですが、爬虫類マニアが、トランクに生きたイグアナを入れて持ち出そうとして見つかりました。当然、刑務所送りです。それから、これはエクアドル本土内のことですが、ごく最近、日本人の昆虫オタクが採集標本を無許可で持ち出そうとして摘発され、大使館を巻き込んで大騒動になりました。しかも数が異常だったんです。３００点以上です。エクアドルの東側はアマゾンの密林ですから、ヘラクレスみたいなカブトムシがとれるんです。その日本人は泣いて謝ったそうですが、ときすでに遅し。実刑を受けたはずです」

くわばらくわばら。

さて、マーベル号である。いったいどんな船だろう。私は少年に戻ったような気持ちになってわくわくした。思いなぞらえたのは、児童文学『ドリトル先生航海記』に出てくるドリトル先生の船カーリュー号である(井伏鱒二の名訳による岩波書店版では「シギ丸」)。私にとって原点になるような、この冒険物語はあまりに好きになりすぎて、大人になってから、新訳を出させてもらったほどである(新潮社版・福岡伸一訳『ドリトル先生航海記』)。

ご存じの方も多いと思うが簡単に紹介すると……

舞台は19世紀前半。イギリスの田舎の港湾都市パドルビーに暮らす貧しい少年トミー・スタビンズは、行き交う船を見ながら、冒険の旅を想像する夢見がちな男の子。ある日、偶然、博物学者(原語は、ナチュラリスト)のジョン・ドリトル先生と出会い、弟子入りする。ドリトル先生はちょっと太っちょの紳士。やや世間離れした脱力系の人だが、博識で、なんと動物の言葉を理解することができる。スタビンズくんに対しても優しく対等に接してくれる。子ども扱いして、「トミー」とか「坊や」とか呼ばずにいつも「スタビンズくん(Mr.

Stubbins)」と名字で呼んでくれるのだ。貧しくて学校にも行っていないスタビンズくんは感激して、自分もドリトル先生みたいなナチュラリストになりたいと願って教えを乞う。

この2人の出会いのシーンは実にみずみずしく、何度読んでも全く古びることがない。それは、少年にとって出会うべき理想の大人とは、まさにドリトル先生のような公平な人であり、親でも教師でもない（親や教師は、常に垂直の関係にある、命令したり禁止したりする大人）斜めの関係にある大人だということを教えてくれるからだ。読者の少年少女は、奇想天外なドリトル先生のことをすっかり好きになるのだが、ほんとうはスタビンズくんみたいな幸運な子どもになりたい、とスタビンズくんに感情移入する。そして物語が巧みなところは、このスタビンズくんが語り手になって、ドリトル先生との冒険の旅が始まるところである。スタビンズくんのわくわく感がそのまま、読み手のわくわく感になる。

ドリトル先生とスタビンズくんは、動物たちの乗組員と一緒に、小型の帆船カーリュー号に乗り込んで、謎の島クモサル島に、行方不明になったこれまた謎のナチュラリスト、ロング・アローの消息を求めて旅に出る。

船はパドルビーを出航する。パドルビーは物語の中の架空の街だが、いろいろな手がかりを総合すると、イギリス・コーンウォール半島付け根の港湾都市ブリストルを模しているのではないか、と思われる。後年、実際に、ドリトル先生を探す旅に出かけて、ブリストルの街の船着き場の石段に、かつてのスタビンズくんの面影を見つけた。つまり、そこは彼が「川岸に腰かけて、水面に向けて脚をぶらぶらさせながら、船乗りと一緒に歌を口ずさむと、自分まで船乗りになったような気がして、心がうきうきしたものでした」と書いていている場所そっくりで、「町の真ん中を川が流れ、その川に王さま橋というものすごく古い石の橋がかかっていて、橋のこちら側には市場がありました。橋をわたった川むこうは教会の敷地になっていました」（新潮社版、福岡伸一訳）と描写しているとおり、向こう岸には教会の尖塔、こちら側には船着き場があるのだった（このドリトル先生をめぐる旅の初出は、今はなき新潮社のすばらしいカルチャー雑誌『考える人』（2010年秋号）、後に成書化して『ナチュラリスト』（新潮社）と題して刊行された。私のドリトル愛満載の本）。

出航するとまもなく、お約束のように、船倉から密航者が見つかる。それはドリトル先生の知人、マシュー・マグやルカ夫妻で、彼らもドリトル先生と旅がしたくてしかたがなくて、隠れて潜り込んでいたのだが、持病のリューマチが出たり船酔いになったりして発見されてしまう。困ったドリトル先生は、コーンウォール半島先端の漁港ペンザンスに船を着けて、密航者たちに帰りのお金まで渡して、下船させる。

スタビンズくんはこんなふうに書いている。

もう、真夜中をすぎていましたので、あしたの朝出帆しようと、それまで港内でやすむことになりました。

私は、なんとなく楽しくて、夜明けまで起きていてもいいと思いました。でも、寝るのもうれしくて、寝床にはいりました。そして、からだを毛布ですっかり包みますと、ひじのところにある船窓から、外が見えるのに気がつきました。そして、まくらから顔をあげないでも、船の動揺につれて、ペンザンスの町の灯が、上下にゆっくりゆれるのが見えました。それはちょうど、夢見心地で楽しいおとぎ話をききながら、眠りにさそわれてゆくような気持でした。私は、海の上の生活がなによりもすきだと思いながら、深い眠りにおちました。

（岩波少年文庫版、井伏鱒二訳）

最初にドリトル先生の話を読んだとき、私はこの「寝転びながら、舷窓から海が見え、遠くに街の灯が揺れる」というシーンにしびれた。

それが、今回、とうとう実現したのである。ガラパゴスという絶海の孤島で。ドリトル先生の童話とは全く異なるむき出しのリアリティ＝ピュシス（自然）を伴って。

マーベル号は、サンタ・クルス島のプエルト・アヨラ港から出航する（プエルトはポート、つまり港なので、ほんとうは「アヨラ港」といえばよい）。

マーベル号の正式名称は、クイーン・マーベル。女王陛下の船である。まがりなりにも、H.M.S.（Her Majesty's Ship）ビーグルの向こうを張った名前である。いいねえ。

私は、重たいスーツケースともうひとつ小型のキャリーケースを引きずって桟橋まで歩いていった。昼間なら食堂や土産物屋などで賑わっているはずの港も夜はしんとしていた。スーツケースには何が入っているのか。今回の旅において、私はかなり入念な準備をしてきた。というのも、この前の年（2019年）、私は台湾の南の孤島、紅頭嶼《こうとうしょ》《蘭嶼《らんしょ》》にコウトウキシタアゲハという希少な蝶を探しに出かけたのだが、ちょっとした登山だったにもかかわらず、わりと軽装備で出かけたため、泥だらけ、汗だく、疲労困憊してしまったのだった。その理由のひとつは、私が、一昔前の山歩きの服装をしていたからだった。その反省に立って今回は装備を新調することにしたのだ。

アウトドア用品の進化はすごい。速乾性のシャツ、パンツ、下着。軽くてグリップのよい登山靴、通気性がよいにもかかわらず、すばらしい防水力を発揮する雨具、便利な防水バッグ、そういったギアがいくらでも登場していることを知った。そこで、モンベルやフェニックスやフォックスファイヤーといったメーカーに（多額の）お金を払って、最新の装備を揃えた。実際、軽くて、すぐ乾く服を着ていることによって、快適さや疲労が大幅に違うのだった。誰だって、湿った服を次の日も着るのはいやなもの。それがあっという間に乾いてしまうのだ。

（念のために申し添えれば、今回の旅の外枠の費用（渡航費・取材費）は出版社が持ってくれたのだが、このような個人装備はすべて自己負担である。）

とどのつまり、私は、ナチュラリストを自任しているものの、その実際は、都会のファッションで着飾った、即席ナチュラリストなのだった。それは終始、寡黙なガラパゴスのネイチャー・ガイド、チャピさんの立ち居振る舞いとシンプルな装備とを比べてみれば一目瞭然だった。そのことについてはまた詳しく、自己批判を込めて述べたい。

その他、私はこまごまとした荷物を持っていった。ガラパゴスに関する本、資料、ダーウィンの『ビーグル号航海記』『種の起源』(どちらも分厚い)。MacBook、電源、記録用のノート類、筆記用具、遠近のメガネ、携帯用の顕微鏡、サンプルを回収するための試験管、ピンセットやスライドグラス、解剖用具などなど。

それからもしかしてチャンスがあるかもしれないと思って、蝶をとるための捕虫ネット(志賀昆虫普及社製)、釣具一式なども入れていった。これは実際のところ、ほんとうに「お荷物」になってしまった。というのも、ガラパゴスの自然保護規制は殊の外厳しく、ネイチャー・ガイドも終始同行しているため、虫とりや魚釣りをするなんてことは絶対許されるはずがなかったのだ。

参考までに、携行品リストを次ページの表に掲げた。

そんな装備を満載してパンパンに膨れ上がったスーツケースとキャリーケースとともに桟橋に着くと、そこに待っていたのは、マーベル号ではなく、小さな青い、1艘のゴムボートなのだった。

これはあとになって知ったことだが、ガラパゴスの島々のほとんどの港は自然の入り江

●一般的な必須アイテム

パスポート／航空券 e チケット／現金＆クレジットカード／
携帯電話（SIM フリーだと現地 SIM が使えるが、居住区以外では電波は届かない）／
モバイルバッテリー（携帯電話充電用）／海外旅行保険証／海外渡航用スーツケース／
上陸時のリュックサック（水没の危険を考えて防水バッグが良い）／水陸両用靴／
食品保存用袋や小分けにできる防水袋／トレッキングシューズ／船内用上履き／
日焼け止め／酔止め薬／帽子（日差しが強いので）／速乾性のタオル／レインウェア／
LED ヘッドランプ／防水のカメラ／カメラの充電器や予備バッテリーなど／
カメラのメモリーカード類／海外用電源プラグ変換器／
双眼鏡（軽量 / 小型で性能の良いもの）／ポケットノートと筆記用具

●洗面具、薬品ほか

医薬品（風邪薬、虫刺され薬、胃薬、整腸剤、傷薬、絆創膏、頭痛薬、解熱剤など）／
歯ブラシと歯磨きペースト／洗顔やひげそりフォーム、ヘアブラシ／ボディソープ＆シャンプー／
洗濯洗剤、洗濯物干しロープ／ティッシュ、ウェットティッシュ（非常に便利）／
マスク（もっぱら機内用）／防水腕時計／折りたたみ傘（レインウェアがあるなら必須ではないが）／
虫除け（スプレーは飛行機に持ち込めないので霧吹きタイプ）／ハンドグローブ／サングラス／
トレッキング用の杖／ソーイングキット（緊急用に）／水中ゴーグル／目覚まし時計

●衣類

長袖・半袖シャツ（速乾型）／速乾性の下着または T シャツ／靴下／ロングパンツ／
水着や短パン（上陸時や浜辺で必要）／バスタオル（船についているが念のため）／
パジャマに使えるような薄手の生地のゆるい上下／薄手の上着（ウィンドブレーカー、パーカーなど）

[表 携行品リスト]

をそのまま利用したものなので、船が着けるほど十分な水深がない。そこで船舶は小型のものであっても湾内の、比較的水深があるところに停泊し、接岸には、ゴムボートやはしけ（小船）が使われる。そのゴムボートが横付けできる桟橋があること自体が、実は贅沢なことであることも、すぐにわかることになる（別項「波を読む――ウェット・ランディングの心得」136ページ参照）。

私は船員さんの助けを借りて、スーツケースとキャリーケースをボートに乗せ、ついで桟橋からボートに飛び乗った。もし誰かに見られていたら、もう、旅の最初の第一歩からあぶなっかしかったはず。乗員全員をマーベル号に運ぶためにはゴムボートは二往復する必要があった。

ゴムボートには小型の船外機エンジンがついていて、船員さんはそれを巧みに操って湾内を進んでいった。向こうにマーベル号の白い船体が近づいてきた。ドリトル先生のカーリュー号もきっとこんな船だったに違いない。私のガラパゴスの旅は、このマーベル号とともに始まった。

ボートはマーベル号の船尾に突き出したデッキに頭をくっつけると、さっそくデッキ側に待っていたもうひとりの船員がロープを手繰り寄せて、ボートを固定してくれた。彼の太い腕を借りて、マーベル号に乗り込む。

船長以下船員の人たちと、我々、探検隊がそれぞれ自己紹介しあって挨拶した。それが、先に登場人物として掲げたクルーメンバーである。

マーベル号船長ヴィコ、副船長グァーポ、船員フリオ、料理人ジョージ。ボートで迎えにきてくれたのは、グァーポ副船長で、デッキで迎えてくれたのが、船長ヴィコだった。みんなたくましそうな南米の海の男。

さて、それではまず読者のみなさんにマーベル号の船内をご案内しよう。

図1と図2に、ビーグル号とマーベル号の平面図・断面図を示した。ビーグル号は全長27・5メートル、排水量242トン、乗員74名。立派な軍艦である。対する我がマーベル号は全長13メートル、排水量40トン、乗員8名。ざっと6分の1の規模でしかない小型船。おそらくドリトル先生のカーリュー号も、マーベル号と同じような規模だっただろう。だから私はかえって嬉しかった。これで私もスタビンズくんになった気分だ。

私は船尾の4号室を船室に使わせてもらうことにした。2人部屋のシングルユースである。なのでとりあえず個室を使わせてもらえることに安堵した。とはいえ部屋はごくごく狭い、細い二段ベッドと、わずかな空間。下段のベッドにスーツケースを置き、隙間の空間にリュックやら靴やらを置き、シャツやウェアを壁にかけ、上段のベッドに登って、枕元にノートやら資料やらメガネやらを置けばもういっぱいいっぱいである。上段のベッドの上の天井は低くて、背を起こして座ろうとすると頭がつかえる。じっと寝そべるくらいがやっとで、柵も何もないので下手に寝返りを打てば、ベッドから転落してしまいそうである。下段のベッドはもっと狭くて暗い。この部屋を2人で使わなければならなかったとしたら、さぞかし窮屈だったことだろう。2人分の荷物は置けそうもなく、プライバシーのプの字もない。おならのひとつもできそうにない。

唯一の救いは、上のベッドに横たわると、その壁に横長で角が丸くなった小さな「舷窓」がついていることだった。これって、ドリトル先生航海記のスタビンズくんと同じだ。この窓からないだ海や、朝のガラパゴスの島影、溶岩台地の岩肌、あるいは静けさに満ちた暗い湾を眺めることになった。

私たちの船室は船の一番下層（1F）に位置している。私の部屋を含めて、左右に4室の客室（それぞれ二段ベッド付き）、2つのトイレ（このトイレのリアルについては別項「ロゴスvs.ピュシス」95ページ参照のこと）、それからエンジンルームがある。急階段（最初は必ず一度は踏み外したり、頭を打ったりする）を上ると、リビングルームがある。大きなテーブルのまわりにコの字に座れるようになっていて、私たちは毎日、ここに集って食事をした（食卓を囲むひとときが、いかに私たちの過酷な旅の救済となったかも、別項「ジョージのキッチン」159ページで詳述する）。座席の下は物入れになっていて缶詰やジュース類がしまってある。とにかく狭い船の中ではあらゆるスペースが有効活用されているのだ。このテーブルの上では、また地図を広げたり、顕微鏡観察したり、本を読んだりすることもできる。

このリビングルームの船首側にはキッチンがあり、大きな冷凍冷蔵庫が置かれている。キッチンは料理担当のジョージが陣取り、私たちにすばらしい料理を振る舞ってくれた。

[図1 ビーグル号の構造]

全長：27.5 メートル／排水量：242 トン／全幅：7.5 メートル

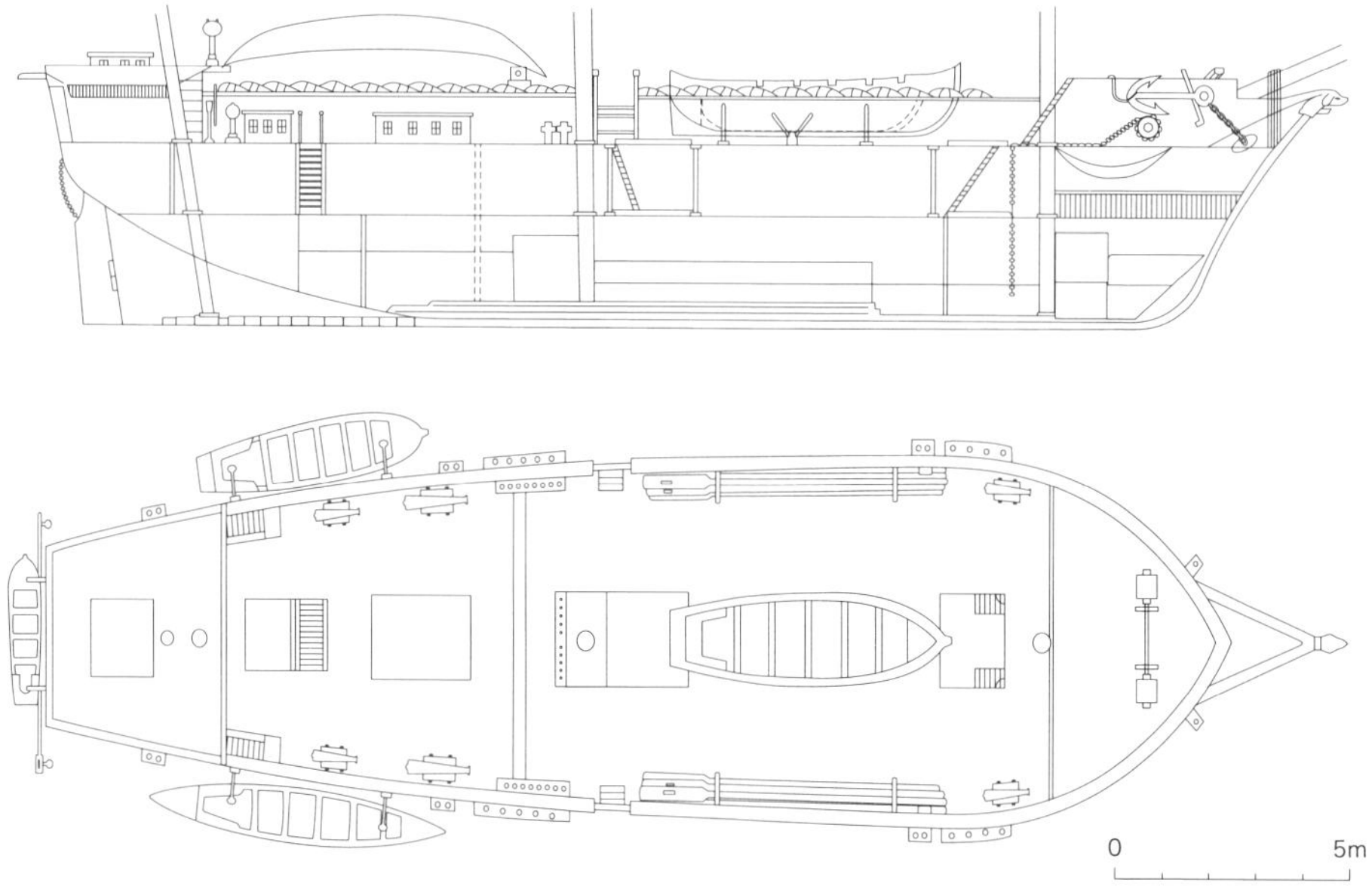

[図 2 マーベル号の構造]

全長：13 メートル／排水量：40 トン／全幅：4 メートル

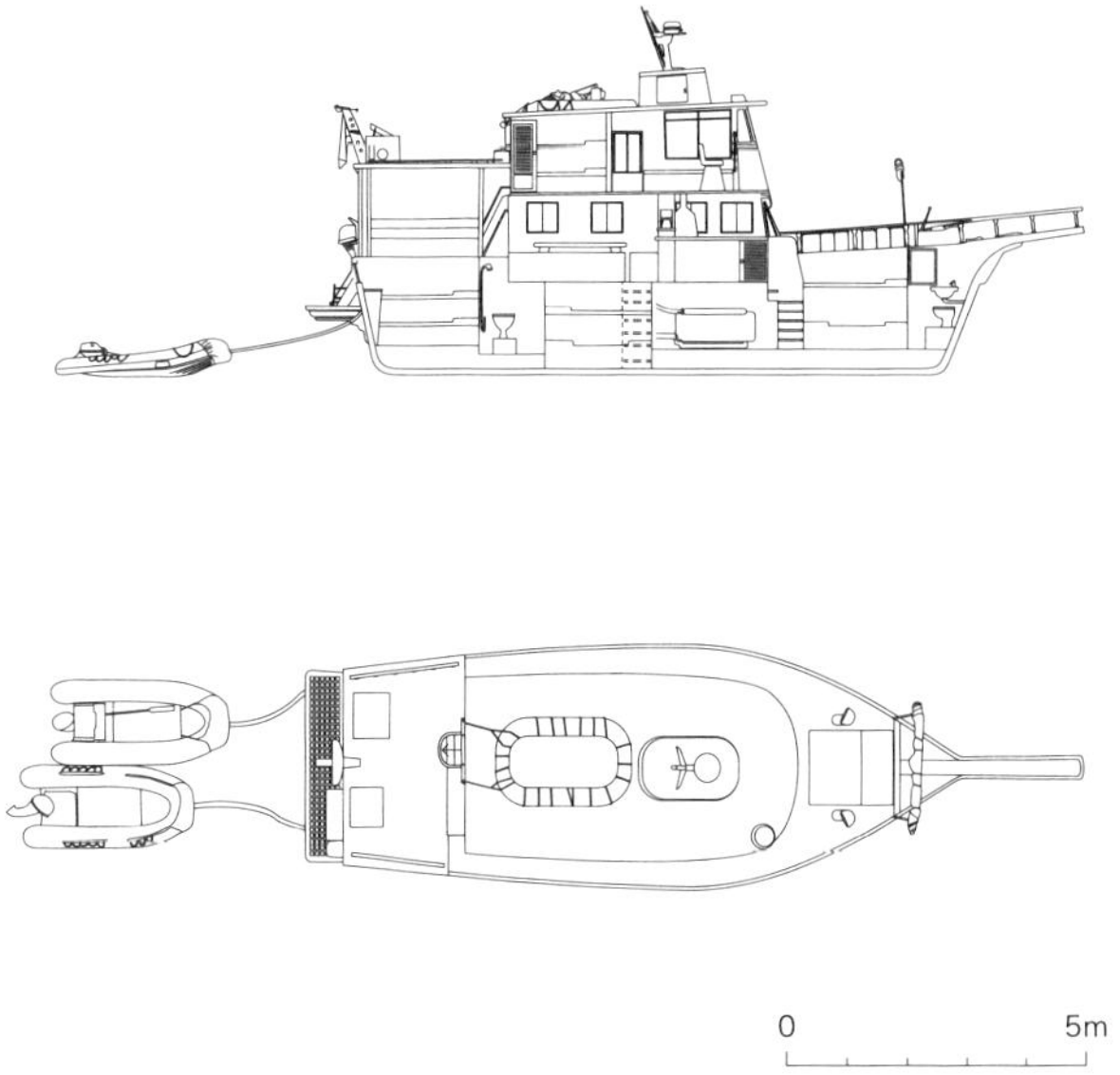

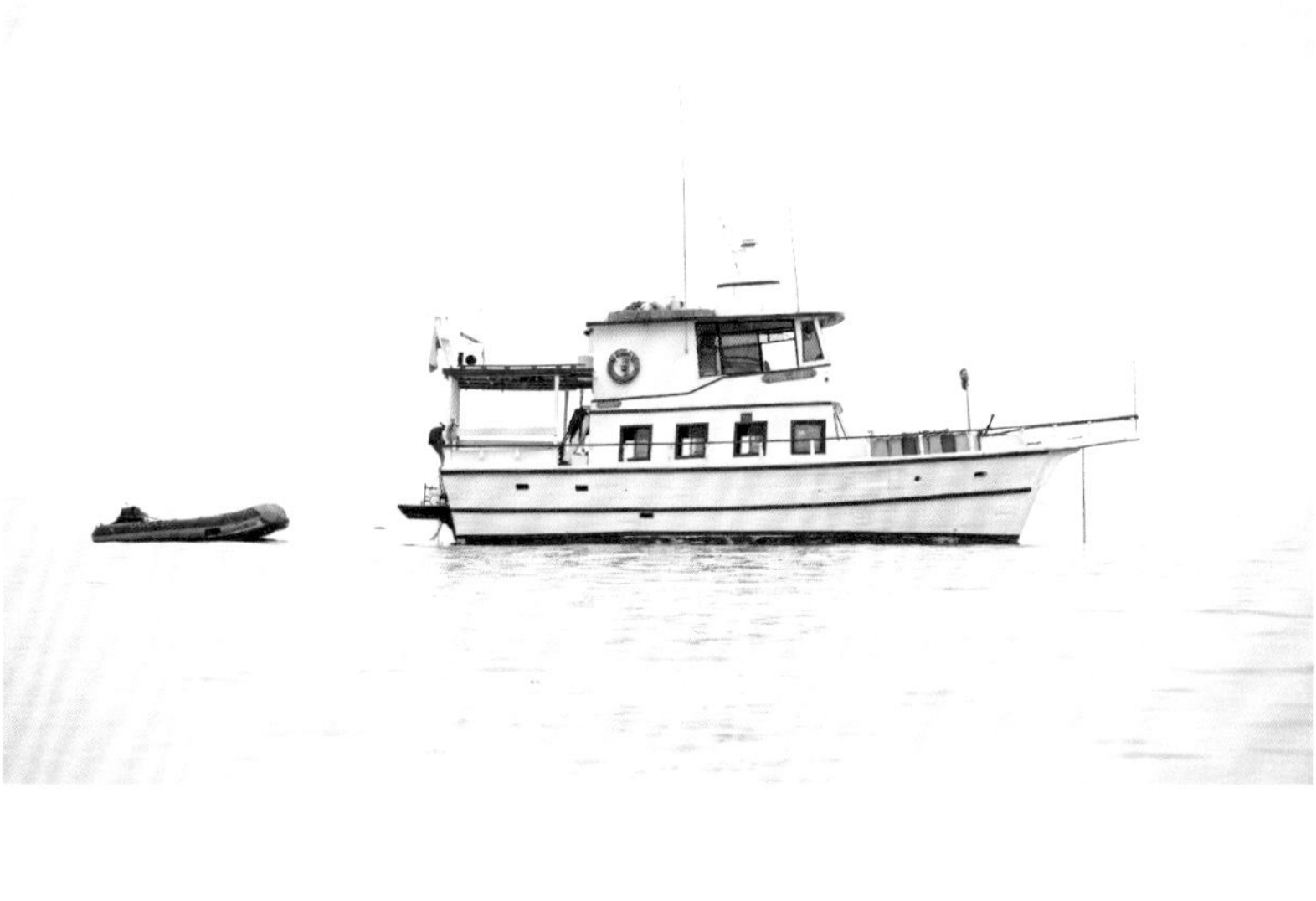

この小さなキッチンであらゆる調理をこなし、ケーキまで焼いて、おまけに毎回のあとかたづけまで完璧にやってくれたことは、ただただ感嘆と感謝しかない。

キッチンの奥を一段さがると、ちょうど船首の下にもうひとつ三角形の部屋があり、ここがこの船の一番いい客室となる。左右に二段ベッド、奥に専用のトイレ。ここは今回の旅で一番の大荷物、機材満載のフォトグラファー阿部さんに使ってもらうことにした。でもこの部屋は船の先端にあるので、揺れが激しく、また窓もないので（波をまともに食らってしまう）やや閉塞感もある。阿部さんは閉所が嫌いだといって、この部屋はもっぱら機材置き場となり、自分はリビングルームの座席で横になって夜を過ごしたそうだ。

カメラマンは、いつなんどき、撮影のチャンスやシーンが訪れるかわからないので、その習性上、窓のない部屋に籠もって寝くたれているわけにはいかないのだ。おかげで、阿部さんは、ガラパゴスの日の出、日没、星と月、船のそばにやってきたコバネウの見事な狩人ぶり、その他、数々の決定的瞬間をファインダーにとらえてくれた。

また最近のカメラとその周辺機材はやたらと電気を食う。おまけに阿部さんはドローンまで持ってきてくれたので、毎日、夜はタコ足配線をしてそれぞれの機器のバッテリーに充電を怠らなかった。また、その日に撮影した映像は、必ずカメラの記憶媒体からＰＣのハードディスクにバックアップをとることも必須の作業なので、私が疲れ果ててベッドでバテているあいだにも彼は忙しく立ち働いてくれていたに違いない。ちゃんと寝ていたのだろうか（そのかわりと言ってはなんだが、旅のあとは、私の番となり、こうして必死に旅の記録を書き起こしていかなければならないのだが)。

リビングから外に出ると、船べりの通路を通って船首と船尾に出ることができる。船首に出ると水や燃料タンクが並ぶちょっとしたスペースがあり、そこに腰掛けると船の進行方向を見渡しながら、海風に吹かれることができる。とても気持ちがいい。私たちはここで海を眺め、船と並走して泳ぐアシカと遊んだり、マストについて一緒に飛んでくれるグンカンドリに声をかけたり(ガラパゴスの生き物たちはほんとうに人間を恐れず、むしろ人間に興味をもって近づいてきてくれるのだ)、何もない水平線に沈む壮大な夕焼けを見たり、満天の星と天の川を見上げたり、あるいは赤道を通過した瞬間にビールで祝杯を上げたりした。そのときどきの感慨と感激については、この日記でおりおり触れていくつもりである。

船尾側に出るとこの船の乗り込み口がある。一段さがってデッキがあり、ここから上陸用のゴムボートに乗り移る。ゴムボートは2艘がロープで係留されている。マーベル号が勢いよく進むと、2艘のゴムボートは、忠実な家来のように左右を護衛しながらついてくる。それはなんだかスター・ウォーズの宇宙船みたいでもある。なぜゴムボートが2艘必要なのか、それもおいおいわかることとなる。

乗り込み口スペースから船側に階段がついており、リビングルームのちょうど真上に操舵室と船員たちの居室がある。居室といっても、操舵室にソファー兼用のベッド2台、連結した部屋の両側に質素な二段ベッドが設えてあるだけだ。今回の強行スケジュールでは、マーベル号は夜のあいだに島と島のあいだを航行することも多く、舵はヴィコ船長の他、

[図3 マーベル号の船内]

3階層構造。最下層の1Fが主に客室やトイレ・シャワー、2Fはリビングなどの共同スペース、3Fが船員たちのエリア。

1F

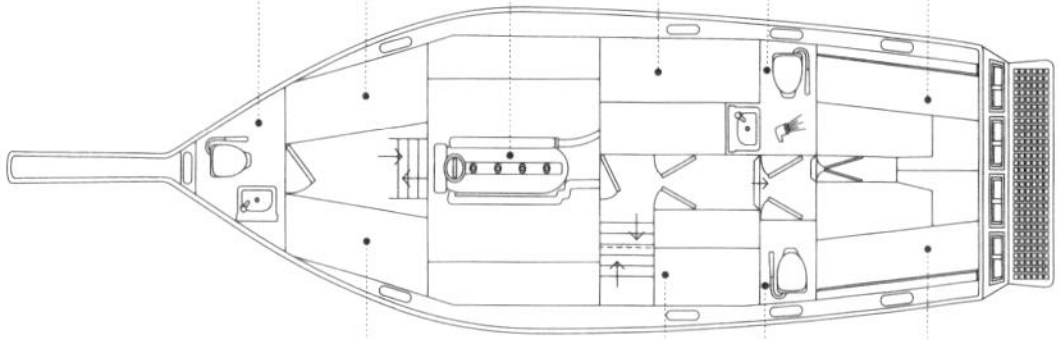

エンジンルーム

トイレ、シャワーの様子

私の部屋（船室4号室）

2F

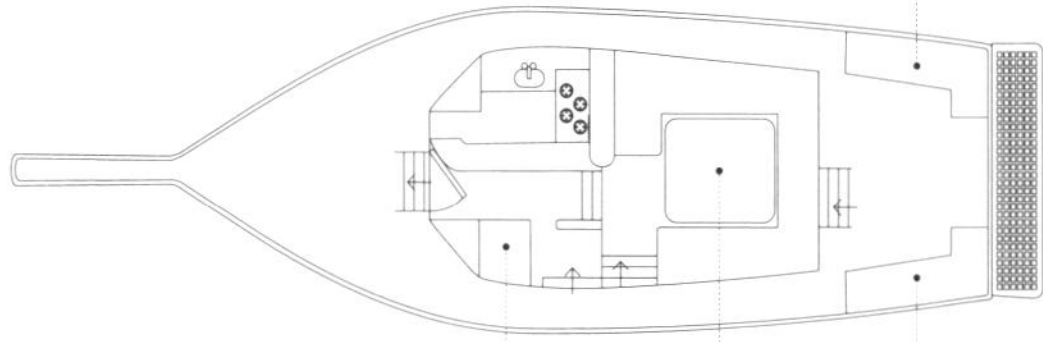

ジョージのキッチン（左）と、リビング・ダイニング（右）。白い座席の中に食料品が保存されている。

3F

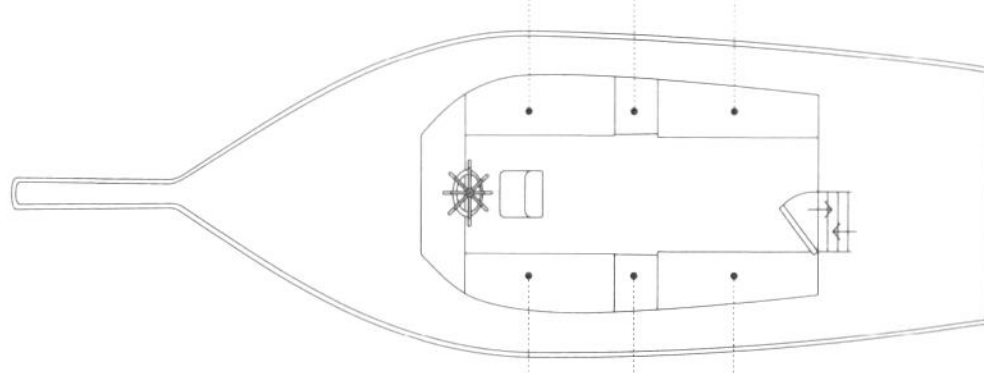

操舵室（ブリッジ）兼船長室

乗組員用ベッド

グァーポ副船長、フリオ船員が交代で担当してくれていた。なので彼らはここで寝ていた。料理人のジョージ、通訳のミッチもこの大部屋を使っていた。それに現地ネイチャー・ガイドのチャピ。彼らはみなスペイン語を母語とするアミーゴだ。いつも夜遅くまで船尾のスペースに腰を掛けて楽しそうに会話していた。私たちはその輪に入っていくことはできない。

船の乗組員と私たち客人とのあいだにはわりと厳密な暗黙の線引がなされていた。寝泊まりする場所はこのように船の上と下。食事のときも、テーブルを囲んで着席できるのは、我々客人と船長ヴィコだけ。あとの乗組員はみなキッチンで立ったまま食事をした。

我々が乗り込むと、マーベル号はすぐさまエンジンを噴かせて出航した。深夜1時過ぎ。暗いアヨラ港をあとに暗闇の海に出た。

どれくらいの速度だろうか。

ベッドの脇の小窓から波の音が聞こえる。私は狭いベッドに身体を横たえて低い天井を眺めた。旅は始まった。夕方少し仮眠しただけだったので、まもなく私はまどろみの中に落ちていった。波を切る音が夢の中に混じり合っていった。

＊
＊

ロゴスvs.ピュシス

『ビーグル号航海記』でも『ドリトル先生航海記』、あるいはヘイエルダールの『コン・ティキ号探検記』でも、いずれも、この問題についてはきちんと明記されていない。しかし、どんなにかっこよく船に飛び乗って、荒波に対峙する冒険の航海に乗り出したとしても、避けては通れない生命のピュシスがある。ピュシスとは自然そのもののことである。ピュシスとは、ロゴス（言語＝論理＝構造）と対極にある生命そのものの広がり、自然のありのままの姿のことであり、まさに、私が、このガラパゴスの旅を通じて、見つめ直したい核心的なテーマである。生理学（physiology）、内科医（physician）、物理学（physics）、これらの言葉の接頭辞のphysi-とは、まさにピュシス（physis＝発音によってはフィシス）というギリシャ語を語源としており、それはつまり世界のそのままの様相、天然あるいは自然、ということである。

ピュシスの全体像は、ロゴスの枠組みからこぼれ落ちやすい。なぜならロゴスは、人間の脳が、世界を切り取り、線分を引き、論理を抽出して、都合よく構築した、整った人工物だからである。この点は、本書の別の項でも本格的に考察していくつもりだ。

ここでは、ダーウィンもドリトル先生もヘイエルダールもちゃんと言語化できていないピュシスについてぜひ一言、触れておきたいのだ。と、大上段に振りかざしてしまったが、生命のもっとも端的なピュシス＝自然といえば、それはつまりトイレ事情のことである。

今、あらためて、『ビーグル号航海記』の扉に掲げられたビーグル号の見取り図を細見してみたが、どこにも toilet や bathroom の記載はない。でもそれは必ずあったはずだ。船の片隅の暗がりのどこかに。いくつも並んで。しかもビーグル号には70名を超える荒くれ男たちが乗っていたので、いつもトイレには誰かしらが籠もっていたはずだし、その必然の帰結として、常時、汚物の飛沫やなんやらでぐじゃぐじゃに汚れ、すえた悪臭がこもっていたに違いない。想像するだに恐ろしい。しかし、これこそピュシスなのである。名家出身のダーウィンがよくそのリアルに耐えられたなあと感心する。

なので、今回の旅の、嘘偽りのないピュシスについてここに明確な記録を残しておくことは、生物学者として、そしてナチュラリストとしての私の責務であると考えるものである。

92ページの【図3 マーベル号の船内】をご覧いただきたい。これがマーベル号の平面図である。この図に示したとおり、こんな小さなマーベル号（乗員8名）でさえ、トイレは3つもついていた。しかしこれですらしばしば混雑した。つまり絶えず先客がいた。入ろうとすると鍵がしまっているのだ。そのショックはわりと大きい。大体において、同じ船で同じ生活をし同じものを食べる人間のバイオリズムは同じなのだろう。なので、私はなおさらビーグル号がいったいどうなっていたのか心配である。

さて、マーベル号のトイレは、いずれもほんの小さな小部屋で1メートル四方もないくらいだった。飛行機のトイレを思い起こしてもらえればよい。あれと同じかせいぜい一回り広いくらいだ。そこに丸い便器が備え付けられており、円形の便座がついていた（左図参照）。便座がついているだけマシだったかもしれない（サン・クリストバル島のキッカー・ロックに行ったときのボートのトイレは暗く、床面は正体不明の液体でぐっしょり濡れており、ドアがきちんとしまらず、おまけに便器に便座がついていなかった）。ただ、マーベル号のトイレ室には小さいとはいえ、外が覗ける小窓がついていて

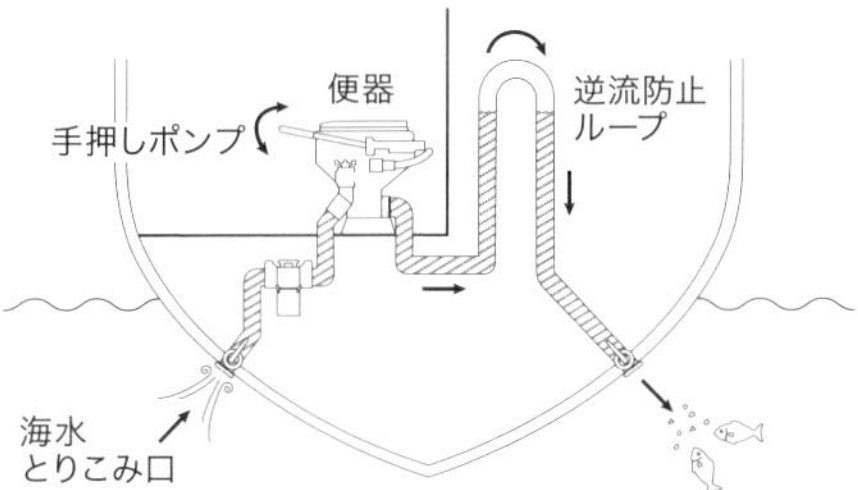

[マーベル号の便器（上）とトイレの仕組み図（下）]

波間が見えた。夜も明るい照明が灯り、しかも床面は青い撥水ペンキで塗装されていて、最低限の清潔さが保たれていた。それが救いだった（これは雑用係フリオくんの勤勉さによるものでもあった）。

といっても、もちろん都会人にとって当たり前の水洗トイレではない。ボタンひとつで、タンクから水がザバーンと流れ出て、すべてのものを一瞬で洗い去ってくれる普通のトイレをどれだけ恋しく思ったことだろう。かといってボットン便所でもない（もし、ただ穴が開いているだけなら、そこから荒波が逆流して、たちまち船が浸水してしまったはずだ）。船のトイレは特殊な手押しポンプ式だった。我々は船に乗り込んだ際、最初に船長から、トイレの使い方と諸注意を受けた。一応はなんとか「水洗」トイレと呼ぶことはできるのだが、これがなかなかに困難な代物であった。

手押しポンプの基部にはバーとコックがついている。コックの9時の位置はdry、3時の位置はflush、と記されている。コックをflushの位置にして、バーを上に引くと水が吸引され（これはもちろん貴重な真水ではなく海水が吸い上げられているものだと思う。しかし舐めてみるわけにもいかない）、バーを押すと、水が便器の中に注ぎ込まれる。でも1回のバーの上げ下げでポンプが吸引・放出できる水はわずかでたぶんコップ1杯分くらいである。だから十分な水を流そうと思えば、何回かバーの上げ下げをしなければならない。その度に大きな音が鳴り響く。バゴ、バゴ、バゴ、バゴ。その音は滑稽でもあり、一種、物悲しくさえもある。

次に、コックをdryの位置にする。すると海水の給水弁が閉じる。この状態で、バーを引くと、便器の中の水が底の穴から奥へ引き込まれ、バーを押すと、その水がさらにダクトの奥へと押し出される仕組みになっている。バゴ、バゴ、バゴ、バゴ。

今、こうして頭の中で整理してみると、その仕組みがわりとシンプルで、合理的なものであることがようやく理解できる（船の中では何ごともシンプルで丈夫、かつ、なるべく電気や燃料のいらない手動の仕組みが必要となるのである）。しかし、船に乗った直後に、トイレの説明を受けた我々は、この仕組みがすぐにはよく飲み込めなかった。しかも排水ダクトが狭いせいなのか、ポンプの押出力が非力なのかわからないのだが、しばしばダクトが詰まったり、逆流したりして、それほどスムーズには機能しないのだった。

もっとも初歩的な間違いは、flush と dry をうまく使い分けられない誤りだった。トイレに入って用を足す。とにかく私たち都会人は、排泄物を一刻も早く水で洗い流したいから、あせって flush で水を入れながら、押し出そうとしてバーを上げ下げする。しかしこうすると、水は汲み入れられるものの、汚物は流れていかず、どんどん便器の水位が高まってしまう、という悪夢のようなことが起きるのだ。しかしトイレの中はむろん孤立無援。溢れ出たらそれこそ悲劇である。駅の公衆トイレではないので、そのまま立ち去るわけにもいかない。そんな自分のピュシスを目の当たりにすることとなる。

あるいはこんなこともあった。コックを flush の位置にしたまま、船が荒波を航行すると、おそらく海水が逆流してダクトの内部に溜まった汚水とともに便器の中にせり上がってくる。それを知らずに、トイレに入ろうとすると、目の前に飛び込んでくるのは褐色の満水面なのだ。まるで、誰かが流さずに立ち去ったかのようだ。これをとにかくなんとかせねばならない。

そうこうしているうちに、私たちも適応し、だんだんコツを掴むようになった。トイレで用を足した後は、dryの状態で、とにかく何度もバーを全力で上下させて、汚物をポンプの排出力でダクトの奥に押し組む。それからおもむろに、コックをflushにして、水を汲み入れる。再度、コックをdryにして、水と汚物をダクトの奥に押し込んでいく。バゴ、バゴ、バゴ、バゴ。こうである。

この音はもちろん、居室にいても、廊下にいても、あるいは船のデッキにいてさえ、漏れ聞こえてくる。なので船のどこかにいてそのポンプ音が聞こえてくると、ああ、また誰かが孤軍奮闘しているのだなあ、と思えるのだった。

さて、ピュシスはまだある。手押しポンプで押し出されたモノはいったいどこに行くのか。飛行機や新幹線ではちゃんと汚物タンクがあり、空港や車両基地で回収・洗浄がなされているはずだ。環境保護に万全を期しているガラパゴス国立公園のこと、この点も厳しく規制されていると思っていたのだが、さにあらず、そうではなかった。それはすぐに判明した。

深夜、航海に出た私たちのマーベル号は翌朝早くに、第一の目的地であるフロレアナ島プエルト・ベラスコ・イバラ（ベラスコ・イバラ港）沖に到着、そこに停泊した。我々はデッキに出て静かに広がる海面を感激しながら見渡していた。これがガラパゴスの海だ。人間は私たちしかいない。すると、船体近くの水面がにわかに波立ち、底から泡のようなものが上がってきた。私たちは最初、それが大きな魚か海の生物の動きか何かかと思った。ところがである。船体の内側からあの音が響いてきたのだ。バゴ、バゴ、バゴ、バゴ。同時に、大量の褐色の濁りが海中に広がってきた。そうなのである。誰かがトイレを使用しており、その結果はすべて海中に放出されていたのだった。

しかし、あらためて考えてみれば、これはこれでピュシスの原理に則ったもっとも合理的な処理法ともいえるのだった。海の生命は、魚も、アシカも、カメも、あるいは小さなプランクトンでさえ、自らの排泄物はすべて海中に放出される。それはすべて有機物や栄養塩であり、海水で希釈されながら、また別の生命体に手渡され、その生命の動的平衡の中で、1回限りの代謝回転の中に参加し、また環境中へと流れ出ていくものとしてある。この流れ自体が生命現象を支えつつ、流れとしての生命現象そのものを成り立たせている。なので、ヒトもまたこの地球の生命の一環を担うものとして、この流れの中に加わることは少しもおかしなことではない。むしろ自然なことなのだ。バゴ、バゴ、バゴ、バゴ。この音は、ピュシスの流れに参画することの号砲でもあるのだった。

うんち、おしっこ、下血、生理血、つば、痰、鼻水、汗、精液、その他あらゆる体液……これらはすべて私たち生命を構成している内なる自然の一部であり、それは本来、少しも〝不潔〟もしくは〝不浄〟なものではない。代謝の結果、産生される有機化合物やイオン、細胞もしくはその断片から成り立つ生命のごく普通の素材である。尿や血や精液の中にはその人が健康な限りにおいて、ばい菌は存在しない。すべてはクリーンな液体である。うんちには腸内細菌（およびその死骸）が大量に含まれるが、それは我が内なる共生者であり、寄生体でも病原体でもない。つまり異物ではない。事実、うんちだろうが、おしっこだろうが、それらが自分の体内にあるとき、私たちはそれを汚いものだとは認識していない。しかし、それがひとたび体外に出ると、私たちはたちまち忌避反応を示してしまう。できるだけ視界から遠ざけ、できることなら一瞬にして洗い流してしまいたくなる。それはなぜだろうか。それは、これら身体から出るものに対して、ロゴスがそれを嫌うからだ。ロゴスはこれらをフィクションにしたて、もしくはタブーにする。なぜか。ロゴスはその論理の力で、自ら、つまり人間をして、他の動物から屹立した特別な存在の地位に押し上げている。だから、ロゴスは自らの言葉の力で、コントロールしきれないものを常に恐れているのだ。人間を他の生物と同じ地平に引きずり下ろしてしまうものを極度に視界から遠ざけたいのだ。ロゴスがコントロールしきれないもの、人間を動物に化してしまうもの。それはとりもなおさず、生命の生命たるピュシスの現れ、つまり、貪り、排泄し、血を漏らし、体液を分泌し、交わり、産み落とすことだ。それゆえにロゴスはこれらを隠蔽し、言葉が及ばないことを悟られないよう、タブーとして封印したのである。

　ただし、このピュシスの現れの中で、唯一、食べる行為だけは、それが貪り喰らう野蛮さが外に露出しない限りにおいて、ロゴスによる隠蔽とタブーから逃れ、むしろ懇親や饗宴の営みとしておおっぴらに称揚されるようになった。公然と語られ、共有されるようになった。これはなぜだろうか。不思議といえば不思議である。人も動物も食べるし交わる。同じ、ピュシス的営みなのに、食と性とはなぜかくも違う取り扱いを文化の中で受けているのだろうか。多くの言語圏で、この2つの行為を語る表現は極めて似ていること、および性と食の文化的共通性は、赤坂憲雄の力作『性食考』（岩波書店）で浩瀚《こうかん》な考察がなされているので参照されたいが、なぜ食はかくもオープンで、性はかくもクローズドであるかは、誰も十分な答えを示せてはいないと思う。このガラパゴスの旅ではこの問いにも私は積極的に答えていきたいと思う。少しだけヒントを示せば、それはインとアウトの差ではないだろうか。インテイクするだけの食べるという行為には、まだロゴスが恐るるに足る、無残なエントロピー増大の姿が顕在化していない。

さて、船のトイレ事情についてもうひとつ触れておかねばならないことがある。それはトイレットペーパー問題である。我々に対してトイレの使い方の説明をひととおり終えたヴィコ船長は最後にこう厳命した。

「トイレットペーパーは便器内に絶対捨ててはならない。パイプが詰まるからね。それに環境にもよくない。だから使用したトイレットペーパーは必ずここに捨てるんだ」

と彼が指差したのは隅にある小さなゴミ箱だった。

「ええっ」と私は内心驚いたが声には出さなかった。その場にいた誰も何も言わなかった。たぶん言えなかったのだ。温水洗浄便座に慣れきっている我々にとって、自分が使ったトイレットペーパーをそのままゴミ箱に捨てるなんて、そんなことはありえない！　たとえ何重にくるんだとしても、それをポイと足元に捨てるなんて絶大なる抵抗感がある。ロゴスによる禁止圧はかくも強烈だ。ただでさえ、ポンプ式のこの小さなトイレに座って、荒波の揺れに足を踏ん張りながら、用を足すなんて、できそうもないなと恐れていたところにこれである。ダメ押しを食らった。私はその日から便秘になった。

一体全体、ダーウィンも、ドリトル先生も、ヘイエルダールも、この問題をどうクリアしていたのだ。

2020.03.04

ISLA FLOREANA

3月4日　フロレアナ島

マーベル号は、ここサンタ・クルス島プエルト・アヨラ（港）から一路南下し、フロレアナ島を目指す。海路約60キロ。一晩の航路である。ここから、ダーウィンの旅路に合流することとなる。

チャールズ・ダーウィンが乗ったイギリスの軍艦HMSビーグル号が、フロレアナ島に寄港したのは、1835年9月23日のことだった。ビーグル号は、南米大陸沿いにガラパゴス諸島に近づき、最初に、サン・クリストバル島に到着、そのあとこのフロレアナ島、イサベラ島、フェルナンディナ島、赤道を越え、Uターンしてサンティアゴ島をめぐった。私たちも、フロレアナ島からその航路をたどるつもりだ。

彼らがこの島に注目したのは水源地があったからだ。火山列島として成立したガラパゴス諸島の多くは溶岩台地になっており、降水量もわずかで、ほとんどが溶岩の割れ目に吸い込まれてしまうので、淡水を得られる水場がほぼない。もちろん川も池もない。水が溜まっている場所は海水か、海水が蒸発してできた塩湖である。このことが、長らくガラパゴスから人間を遠ざけてきた。もちろん多くの他の生物にとっても水場がない環境で生存していくのは困難である。乾燥環境に耐え、少ない降雨だけで生き延びる特性をもった生物だけがここで進化した。

1832年、エクアドルは、ガラパゴス諸島の領有権を主張し、これを国土として確保した。独立してまもない、まだ国内外に混乱が残っていたエクアドルが、欧米諸国がその触手を伸ばしてくるまえに、この機敏な行動をとったおかげで、ガラパゴスの生態系と自然環境が今日まで保全されたことは間違いない。現に、ビーグル号が到達したのは、ほんの数年あとのことだ。自然調査や海図測量を表向きの目的としていたが、ビーグル号は立派な軍艦である。もし、彼らがガラパゴスに着いたとき、ガラパゴスがまだどの国にも属していない島であったなら、彼らはまずユニオンジャックの旗を海岸に立てたはずだ。

エクアドルがなぜ、ちょうどこの時期、ガラパゴス諸島の領有を主張するに至ったのか、その過程と史実を確かめてみたいと思ったのも、私のこの旅の動機のひとつだった。いくつかの書物によれば、エクアドルを拠点に海運業や貿易業に乗り出していたホセ・デ・ビリャミールという有力商人が、当時の（初代）大統領フアン・ホセ・フローレスに、ガラパゴスの領有を進言したことになっている。ビリャミールは、水も資源もないガラパゴスの何に興味を持っていたのだろう。地政学的な位置だろうか。

もちろん領有権を主張しただけでは、欧米列強の圧を跳ね返すに十分ではない。既成事実を作るため、わずかな数の移民団が募られ移住が始まった。それが、このフロレアナ島だった。フロレアナ島の西岸に小さな集落が作られた。これもまた水源地があったからだ。フロレアナ島の水源地とはいったいどのようなものなのだろう。人々のいのちをつないだわずかな真水。それをこの目で確かめてみたかった。

マーベル号の狭い船内で目が覚めた。7時前。船窓からは朝の白い光が差し込んでいた。身をかがめて小さな窓から外を覗くと、島影が間近に見えた。丸い山がいくつか連なり、山肌は緑に覆われていた。そうなのである。ガラパゴスは、海底火山の噴火によって形作られた溶岩島ではあるのだが、島によってその様相は全く異なっている。それは島の年齢による。フロレアナ島は、ガラパゴス諸島の中でも誕生してからの年月が長い、年寄りの島なのである。年寄りといっても、数百万年前のこと。そのあいだ、火山の風化が進み、植物の繁殖も進む。微生物が生育し、土壌の形成も進む。土もまた生命活動の産物である。水が得られる理由もそのためだ。

海岸沿いには小さな家や建造物がいくつか建っているのが見える。19世紀の入植者たちの末裔だろうか。おそらくダーウィンが、１８３５年、ビーグル号から見た風景と、あまり変わっていないのではないだろうか。

わずかな水で顔を洗って、船の上の階のデッキにあがると、船の料理人、ジョージがもう朝ごはんを用意してくれていた。焼きたてのトースト、ハム、チーズ、スクランブルドエッグ、フルーツ、そしてコーヒー。たちまち食欲がわいてきた。狭いキッチンで巧みに毎食の料理を作ってくれるジョージのメニューに、この旅のあいだじゅう、どんなに励まされたことか。食べることは、生きること。食べることは、生命にとってもっとも基本的なピュシス（自然）と言ってよい行為だが、特に、今回の船旅のように、狭い空間に閉じ込められた制限生活下では、食事の時間がもっとも心安らぐひとときだった。これはたぶん（私はほとんど経験がないのだが）、寮生活、軍隊、刑務所などでもそうではあるまいか。ジョージのすばらしい食事については別項（168ページ）に写真を示そう。

腹ごしらえをしたあと、いよいよフロレアナ島へ上陸することになった。マーベル号は湾内の沖合に停泊し、接岸にはゴムボートが使われる。私は荷物類をリュックにまとめてトレッキングシューズを履き、マーベル号の船尾のデッキから、ひょいとゴムボートに飛び乗った。ゴムボートには小型スクリューがついている。操船は、副船長グァーポの仕事だ。ボートはゆっくりと陸に近づいていく。港には一応の桟橋があり、海に向かってコンクリート製の階段がつけられている。ボートはそこに横付けされた。

私は、階段を上って桟橋の上に出た。まず、目に飛び込んできたのは、横たわっている大きなアシカだった。親子だろうか、小型のアシカがそばにぴたりと寝そべっている。私たちが近づいても、全く動じる気配がない。

それから目についたのはウミイグアナだった。よく見ると、こちらにも、あちらにもいる。ウミイグアナは恐竜の直系の子孫だと言ってもいい堂々たる風貌をしている。私は感激した。ゴジラのような強面。暗い目。大きく裂けた口。鋭い歯。時々見える口の中は真っ赤だ。鱗に覆われた硬く黒い胴体は大きいもので1メートルを超える。そして特徴的なのは〝たてがみ〟である。頭の後ろから背中を通り尾っぽの先まで、ノコギリ状のとさかが連なっている。彼らは四足を踏ん張ってすっくと頭を上げている。しかしほとんど微動だにしない。まるで銅像のようだ。実際、この港には、村落の発展に貢献した人物の胸像が置かれていたが、どうやってそんな高い場所まで登ったのだろうか、高さ1メートルほどもある台座の上にも、数匹のイグアナがじっと座っていた。イグアナたちもまた人間を恐れないのだ。

通訳ガイドのミッチさんが言った。「ガラパゴスでは、動物たちとは、だいたい2メートルほどの距離を保ってください」。ウミイグアナもさすがに人間が至近距離に近づきすぎると、鼻の穴から水を吹き飛ばし、警戒の動作を見せるという。しかし彼らはそこから逃げようとはしない。

世界中でガラパゴスにしか生息していない、この奇怪な大トカゲは、ガラパゴスでは至るところにいる。しかもおびただしい数の群れを形成している。だから申し訳ないのだが、感激したのは最初だけ。イグアナはすぐに珍しい生物ではなくなってしまった。イグアナが通った砂地には1本の直線の跡が残される。尻尾がナイフを立てたように垂直になっているからだ。ウミイグアナはその名のとおり海を泳ぐ。潜水することもできる。海底の岩に張り付いた海藻を齧り取って食料としているのだ。別の場所で、実際に泳ぐ姿を見たが、実に巧みなものだった。四肢を身体にピタリとつけ、頭を水面から出し、平たい尻尾をくねらせてスイスイと泳ぐ。イグアナは爬虫類だから肺呼吸をしているのだが、何十分も潜水を続けることができるという。太陽が高く昇って、十分に体温が高くなり運動に適したときがくるまで、イグアナたちは待つ。だから彼らは日当たりのよい場所で、じっとしているのだ。

ガラパゴスのイグアナには、このウミイグアナの他に、陸に生息しサボテンや草を食べるリクイグアナがいる。リクイグアナについては、このあとイサベラ島で出会うことになるので、そのときに触れたい。２つのイグアナの祖先は遠い昔、このガラパゴスに漂着し、それぞれのニッチを求めて、生活様式を分けていったものと考えられている。今では色や形態も異なっているが、種として近い証拠として、ウミイグアナとリクイグアナはまれに交配することがあるという。

ガラパゴスの生物たちはなぜこんなにも人間を恐れないのか。決して、彼らは人間の凶暴さ・危険さを知らないわけではない。これはダーウィンも感じた疑問だった。この先、旅を通じて考えてみたい。

ミッチさんが、岸壁の小屋に立てかけてあった自転車に飛び乗ってどこかに出かけていった。ほどなく、彼は、１台のピックアップトラックと運転手をチャーターしてきた。こんな軽業ができるのは、やはりエクアドルでスペイン語を母語として生まれ育ったからである。誰とでもすぐにアミーゴ（友だち）になれないとここではやっていけないのだ。

私たちはそのピックアップトラックに乗せてもらった。ガイドのチャピさんとミッチさんは荷台に座った。一本道をしばらく走る。両側は耕作地として開かれた平地になっているが、この季節、作物は植わっていない。

少し山に入ると車が入れる道路はそこで終わっていた。

「ここからは歩きます」とミッチさんが言った。空はすこし曇ってきて、雨が降りそうだった。ミッチさんは、ドライバーに運賃を渡し、スペイン語で二言三言交わした。このあとのピックアップの時間を指定したようだった。

　私たちは山道を進んだ。まばらに生えているのはスカレシアという樹木だ。小雨がポツポツと降ってきた。私は慌ててリュックからモンベルのレインウェアを出して羽織り、フードをかぶった。ネイチャー・ガイドのチャピさんも、通訳のミッチさんも、現地の人はこの程度の雨では（そして、これがたとえ土砂降りになったとしても）全く動じることがない。雨は降るときは降るし、やがてまもなく乾く。生々流転、泰然自若。このあたりが都会育ちのニセモノ・ナチュラリストと、ホンモノ・ナチュラリストの歴然たる差である。

　さらに行くと、突然、視界が開け空き地に出た。そこにガラパゴスゾウガメたちがいた。これが名にし負うガラパゴスゾウガメか。その巨大さに驚く。一番近くにいるもので、ドーム型の甲羅の長さは1メートルくらい。体重は200キロはあるだろう。足を踏ん張り、一心に植物を食べている。周囲に音がするので、見回すとあちらこちらに大小のゾウガメがいた。それぞれ餌を食べていたり、じっとしていたりする。私はそこでしばらくゾウガメの様子を観察したり、写真を撮ったり、スケッチやメモを取ったりした。ゾウガメたちは、私たちの接近を全く気にする様子がない。ここでも、野生動物が人間を全く恐れないこと、そして、世界でもっとも珍しい生物が、この場所に来ると、ごくありふれた生物となる、という奇妙な現実を受け入れるのに、いささか時間がかかった。雨に濡れて、目の前のゾウガメの甲羅は褐色に輝いていた。私は手を伸ばしてそれに触れたくなった。たとえそうしてもゾウガメは何の反応も示さず、餌を食べ続けていただろう。でも私はその誘惑を何とか抑えた。ここガラパゴスでは野生動物と適正な距離を保たなければならないのだ。

実は、このフロレアナ島では、もともと生息していたゾウガメがいったんは絶滅した。それは主に人間による乱獲のためである。

ダーウィンの『ビーグル号航海記』（平凡社、荒俣宏訳）は次のように記している。

（1835年）9月23日——ビーグル号はチャールズ（フロレアナ）島へと進んだ。この群島は、かなり古くから人の上陸を見ていた。最初は海賊が、あとには鯨捕りがここへ出入りしてきたのだが、小さな入植地がここにできたのは、つい6年前のことだった。住民の数は200から300人のあいだである。およそあらゆる肌色の人々がそろっていて、（中略）住民は、暮らしが厳しいとこぼしていたが、生きる糧は苦労せずに手に入れられた。森には、野生のブタとヤギがたくさんいるのだ。しかし動物性の食糧は主に陸ガメから得られる。むろん、カメの数はこの島でも大幅に減少した。だが人々は、2日の狩りで1週間の残りの日数をまかなえるだけの獲物がとれると皮算用する。以前は1隻の船が700頭のカメを運んでいたそうだ。数年前、フリゲート艦の乗組員が、1日に200頭のカメを浜へ運びおろしたのだそうだ。

そう、人を恐れることを知らないゾウガメたちは簡単に人間の餌食になってしまっていたのだ。長期間航海をする船乗りたちにとってゾウガメは貴重なタンパク質源となる。乾燥に耐え、飢餓にも強いゾウガメたちは、船の甲板、あるいは船倉に投げ込んでおけば、水や餌を与えなくても1年近く生きている。必要なときに殺し、甲羅をこじ開け、新鮮な肉を得ることができる。また、ゾウガメたちは、体内に代謝水という水分を保持しているので、これが真水補給の代わりにもなる。要するに、人間にとって格好の食糧源となるのだ。だから、ガラパゴスに往来した海賊船、捕鯨船、軍艦によって、そして人々の移住が始まってからも、ゾウガメは乱獲され続けた。しかも、ゾウガメの肉はことのほか美味だという。

ダーウィン自身も、ガラパゴス滞在中、ゾウガメ肉を何度も食べ、舌鼓を打っている。

島の高地にいるあいだ、われわれはカメ肉だけで暮らした。胸甲の上に肉を置いて焼いた料理（ガウチョが皮つきのあぶり肉〈カルネ・コン・クエロ〉を作るようなものだ）は、なかなかの味であった。若いカメはとてもすばらしいスープになる。（前掲書）

どうやら胸板をフライパン代わりにして火にのせていたようだ。私たちもスッポンのエンペラや丸鍋を珍味としているくらいだから、カメがごちそうとなるのも無理はない。し

チャピさんとゾウガメを運んだときの写真パネル前で
（サンタ・クルス島　チャールズ・ダーウィン研究所）

かしこれがもとで、フロレアナ島のガラパゴスゾウガメはひとたび絶滅した。私が目にしたのは、近年になってガラパゴスの自然保護の機運が高まり、ユネスコの支援によるチャールズ・ダーウィン研究所やガラパゴス国立公園局による繁殖計画が実施されたことによって、人工孵化、育成が進み、ここに戻されてきた子ガメたちが再生した結果である。

私たちの旅のネイチャー・ガイド（そして逸脱した行為をしないように監視する役目も担った）、チャピさんも、若い頃、国立公園局の職員として、ゾウガメの繁殖計画のため、島から島へ何十キロもあるゾウガメを背に担いで移送する作業を担った。そのときの写真が、今もダーウィン研究所にある繁殖場所のパネルに保存されている。

もうひとつの人為は、このダーウィンの記述にもあるとおり、無制限な家畜たちの移入があった。それまでガラパゴス諸島には大型の哺乳動物は一切存在していなかった。広い海が哺乳動物の渡航を拒んだからである。渡りに成功し、わずかに生存できた哺乳類は、小さなネズミとコウモリだけだった。だからこそ、ガラパゴス諸島は、ゾウガメやイグアナといった爬虫類の王国になりえた。その生態系のバランスが、人間の到来とともに大きく乱されることになった。

移住民たちは多数のヤギ、ブタといった家畜を持ってきた。この不毛の土地で人間が生活するためには家畜がどうしても必要だったからだ。それが、ダーウィンがガラパゴスに到達した頃、すでに逃げ出して野生化していたことがわかる。野生化したヤギやブタは、ゾウガメの天敵となる。ヤギは低木や植物を食い荒らすことによって、ゾウガメたちの食草を奪う。ブタはゾウガメの卵を掘り返して食べてしまう。こうして、ガラパゴスの生命海流は大きく変更され、ゾウガメたちは追い詰められていったのだ。

ずっとあとになって、これら外来の大型哺乳動物の弊害も問題視されることになる。1970年代になってから各島で野生化したヤギの撲滅計画が次々と実施されることになる。野生のゾウガメを絶滅させておいて、今度は、野生化したヤギを撲滅する。私たち人間はいったい何をやっているのだろう。

水源地

にわかに湿度が高くなってきた。ガラパゴスでは12月から5月は雨季となる。生命にとって貴重な雨が降る。とはいえ、全体としてはそれほど降水量は多くない。この季節も寒くはない。しかし、赤道直下なのに決して暑すぎるということもない。それはガラパゴス諸島の近傍に太平洋から寒流（クロムウェル海流）がやってくるからだ。この寒流のおかげでガラパゴス諸島の気温は年間を通じて快適だ。雨が上がったあと、少し休憩をした。空気の清々しさと風の気配は、日本の高原で夏の終わりを過ごしているような、そんな気分にさせた。まだ3月だというのに。

私たちは山道を進んでいった。水が流れる音が聞こえる。水源地が近いのだ。そこは山の岩肌が露出したところにできた割れ目、ちょうど〝岩屋〟のような場所だった。山に降った雨が伏流水となり、地下で濾過されたあと、ここから溢れ出てくる。火山の風化が進み、土壌ができ、緑化が進み、地下に保水力が生まれないと伏流水を保持できない。火山島のガラパゴス諸島で、このような真水が得られるのは、古い時代にできた島だけである。それがこのフロレアナ島なのだ。

scene 1

ゾウガメの敵

チャピ　道にゾウガメの糞が落ちていますね。たぶん少し先を歩いているゾウカメのものだと思います。

福岡　できたばっかりの新鮮なやつですね。ちょっと、糞の中身を調べてみてもいいですか？

（木の枝で糞を開き中を見る）ああ、ファイバーですね。

というか葉っぱそのまま。未消化ですね。パンダの糞と同じだ。

チャピ　でも、食べたものの栄養はちゃんと取っています。

福岡　中も濃い緑色ですね。匂いもほとんどない。

チャピ　ゾウガメは草木、種などの植物全般を食べますから。

逆に、生まれたばかりのゾウガメを食べるのは、ガラパゴスノスリですね。陸上食物連鎖の頂点にいるのがノスリです。

福岡　ターゲットになってしまう？

チャピ　ノスリは、もともとこの地にいる、自然界で唯一の敵ですね。でも最近は外来種の数が多くなっているので、ネズミとかブタの方が問題です。

福岡　そうなんですか。

ブタは赤ちゃんのゾウガメを食べるんですか？

チャピ　ゾウガメの卵を食べます。ネコは生まれたばかりの子ガメを食べます。ネズミは卵も赤ちゃんも食べてしまいます。だからネズミが一番の敵です。

福岡　なるほど。柔らかいゾウガメを食べてしまうのですね。

＊　＊

ガラパゴス諸島の生成過程

ガラパゴス諸島はいつ頃、いかにしてできたのか？　この謎に対して、古来、多くの科学者たちが仮説を提案してきた。そのひとつは、ガラパゴス諸島は、かつて大陸と陸地でつながっていたが、その陸地が海中に陥没して取り残された、とする説である。実際、ガラパゴス諸島から見て北東、中南米の方向の海底には、ココス海嶺と呼ばれる海底隆起が、ガラパゴス諸島から見て東、エクアドル方向には、カーネギー海嶺という海底隆起がある。これらの隆起はかつての陸だった名残かもしれないというのである。この説をとれば、ガラパゴスの生物たちが陸伝いに渡ってこられる時期があったことになる。しかし、ガラパゴスの生態系を見れば、それは不自然なことに映る。ガラパゴスには大型の哺乳類はひとつもいない。ゾウガメやイグアナといった爬虫類はいるが、カエルやイモリなど両生類はいない。昆虫も限られた種がいるのみで、南米を代表するようなモルフォチョウやアゲハチョウといった美麗種、あるいはヘラクレスカブトムシやゾウカブトムシといった大型甲虫もいない。

虫好きの私が今回の旅で見つけた昆虫はごくわずかだった。蝶はシジミチョウとキチョウ、蛾は小型のスズメガ。トンボ。あとは、ハチ、アブ、ハエ、蚊のたぐいのみだった。

植物相も限定されている。スカレシアやパロサント、そして乾燥につよいサボテン。これら生態系の限定は、かつて大陸と島が陸続きであったという仮説に反証的である。たとえばそれはかつてアジア大陸とつながっていた日本の豊かな生態系を見てみれば一目瞭然だ。日本には大陸と共通のクマ、シカ、タヌキ、キツネ、イノシシなどの大型哺乳類がいる。昆虫も植物も実に多様性に富んでいる。

それからもうひとつの反証は海の深さである。かつて大陸とつながっていた〝陸橋〟が海に陥没して島が取り残されたとすると、陥没した部分の海はそれほど深いものにはならない。日本列島はかつて大陸とつながっていた。その後、陸橋が陥没して島となった。その証拠に、日本列島を大陸と隔てる対馬海峡や宗谷海峡、あるいは日本列島のあいだの津軽海峡などを見てみるとたいした深度がない。津軽海峡は150メートルほどの深度しかない。だからこそトンネルが掘れたのである。

これに対してガラパゴス諸島周辺の海は急激に深くなっていて、実に1000メートル以上にも落ちこんでいるのだ。このような深海がかつての陸地の陥没でできたとは考えにくい。

プレート・テクトニクスの登場

その後、急速に勃興した地球科学の進展とともに、この大陸連結説は脆くも崩れ去った。現在、地球の変動はプレート・テクトニクスによって説明される。ガラパゴス諸島の生成過程もまた、このプレート・テクトニクスから解き明かされるのである。プレート・テクトニクス、またはプレート理論と呼ばれるこの仮説は、詳細な海底地形とそこに含まれる岩石が帯びている地磁気の測定などによって導きだされた。たとえば、ある海嶺（海底山脈）の両側の岩盤（プレート）にはちょうど対称形に地磁気の変遷が記録されている。これはつまり、海嶺から大地が湧き出し、それが両側に等距離に広がっていることを意味する。一方、海溝のような深い海の亀裂は、プレートがもうひとつのプレートの下へ潜り込んでいくことによって形成される。プレートが生まれるところ、あるいは、プレートがぶつかるところには火山や地震が生じる。つまり、動かざること山のごとし、という言い方は科学的には間違っているのだ。大地は絶えずゆっくりと動いている。一方の端から湧き出して生み出され、他方の端から潜り込み消えていく。

現在の大陸は、もともとひとつの大きな大陸だったものが、地殻の変動によって分かれて現在の形となった、と考える「大陸移動説」が存在した。20世紀の初め、ドイツの気象学者アルフレート・ウェーゲナーが提唱した。世界地図を見渡してみると、確かに、南米大陸の東側の海岸線とアフリカ大陸の西側の海岸線との形は一致するし、アフリカ東岸、マダガスカル、中東、インドも相補的な形をしている。そして現在は離れ離れになっている大陸の両岸には、共通の化石が産出し、現在の生態系にも関係性が存在する。これらをもとに、ウェーゲナーは、古代には超大陸パンゲアがあり、それが分裂して移動し、現在の大陸の形となったと考えた。大陸が分裂した溝が海となった。

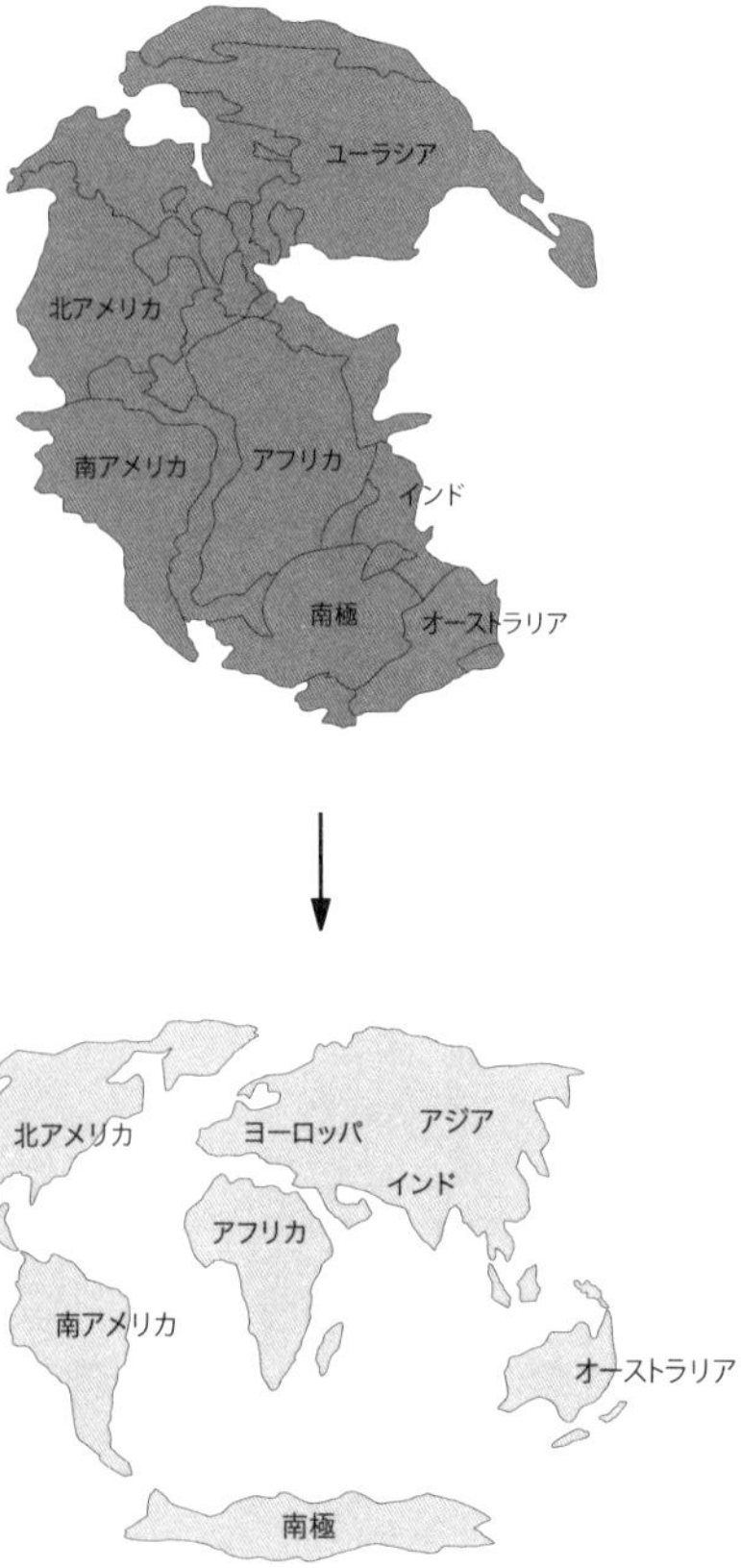

[超大陸パンゲア（上）と、分裂して移動した大陸の様子（下）]

しかし、ウェーゲナーの仮説は、当時の科学の水準からはあまりにも非常識で、空想的でありすぎた。また、大陸を動かすような巨大な力がどこに由来するか、ウェーゲナーも、十分な説明をすることができなかった。彼は地球の自転による遠心力や、月の潮汐力《ちょうせきりょく》にその起源を求めたが、不十分だった。大陸移動説は冷笑とともに次第に葬り去られていった。

ウェーゲナーの説は、プレート・テクトニクスの勃興とともに再び光があてられるようになった。プレート理論が強力だったのは、実際に大陸を乗せているプレートの移動が実測できるようになったこととともに（それは1年に数センチという極めて遅い速度ではあるものの）、プレートを移動させるメカニズムが説明できるようになったことが大きい。地球科学の進展は、地球内部の状態を詳細に解析し、そこで生じているマントル対流こそが地球表面のプレートを動かしている動因としたのだ。

どんなセオリーも、そうなっていること（この論争の場合、大陸の移動）の状況証拠を並べただけでは広く受け入れられることにならない。そうなるための「メカニズム」が説明できる必要があるのだ。

これは、進化論をめぐる今西錦司の説が、異端のままである理由でもある。彼は「生物は変わるべくして変わる」とはいうものの、種の内部の個体が一斉にその特性を変える「メカニズム」を説明することはなかった。

さて、地球全体を見渡すと、世界はおよそ10枚の大きなプレートによって構成されている。ちょうどゾウガメの甲羅が多角形のユニットの組み合わせであるように。日本列島は、大きな太平洋プレートが日本海溝に沈み込む、その上にちょこんと乗っかっている。深く沈み込んだプレートの断端は地中深くで熱せられ、その直上に火山を生む。これが日本列島を縦走する火山帯だ。火山が吹き上げる火成岩は、深い深度で長時間高温にさらされるため、石英などの結晶質が多い、安山岩となる。沈み込むプレートに溜められた歪みや圧が解放されるとき、地震が生まれる。

ガラパゴス諸島も、またプレートのせめぎ合いの上に生まれた。しかしそのせめぎ合いの状況は日本列島とは異なっていた。プレートを作り出す岩盤の境界が、南と北から衝突し、それが互いにせめぎ合って盛り上がった場所、その上にガラパゴス諸島は乗っかっているのだ。

2枚のプレートは、北側がココスプレート、南側がナスカプレートと呼ばれる。境界線上には地下からマグマを吹き上げる海底火山、つまりホットスポットが生み出された。このような火山が吹き出す岩石は、石英質が少ない、より黒っぽい玄武岩となる。ガラパゴス諸島を覆う岩石がこれである。現在のガラパゴス諸島の配置を見ると、古代——今からおよそ500万年前頃——ホットスポットは、プレートの界面に並んだ3つの火山からできていたようだ。3つの火山は盛んに溶岩を吹き上げ、その高度を上げ、ついには海面に姿を現した。それが現在の、サン・クリストバル島、エスパニョラ島、フロレアナ島である。ガラパゴス諸島のうち、もっとも古く、現在ではもっとも土壌と森が形成され、水もある島々である。火山の爆発は間欠的だ。一番初めの噴火のあと、活動はしばらく休止した。このとき形成された3つの島は、ナスカプレートの上に乗ったまま、ナスカプレートの移動とともに動く。ナスカプレートは大陸に向かって南東の方向にゆっ

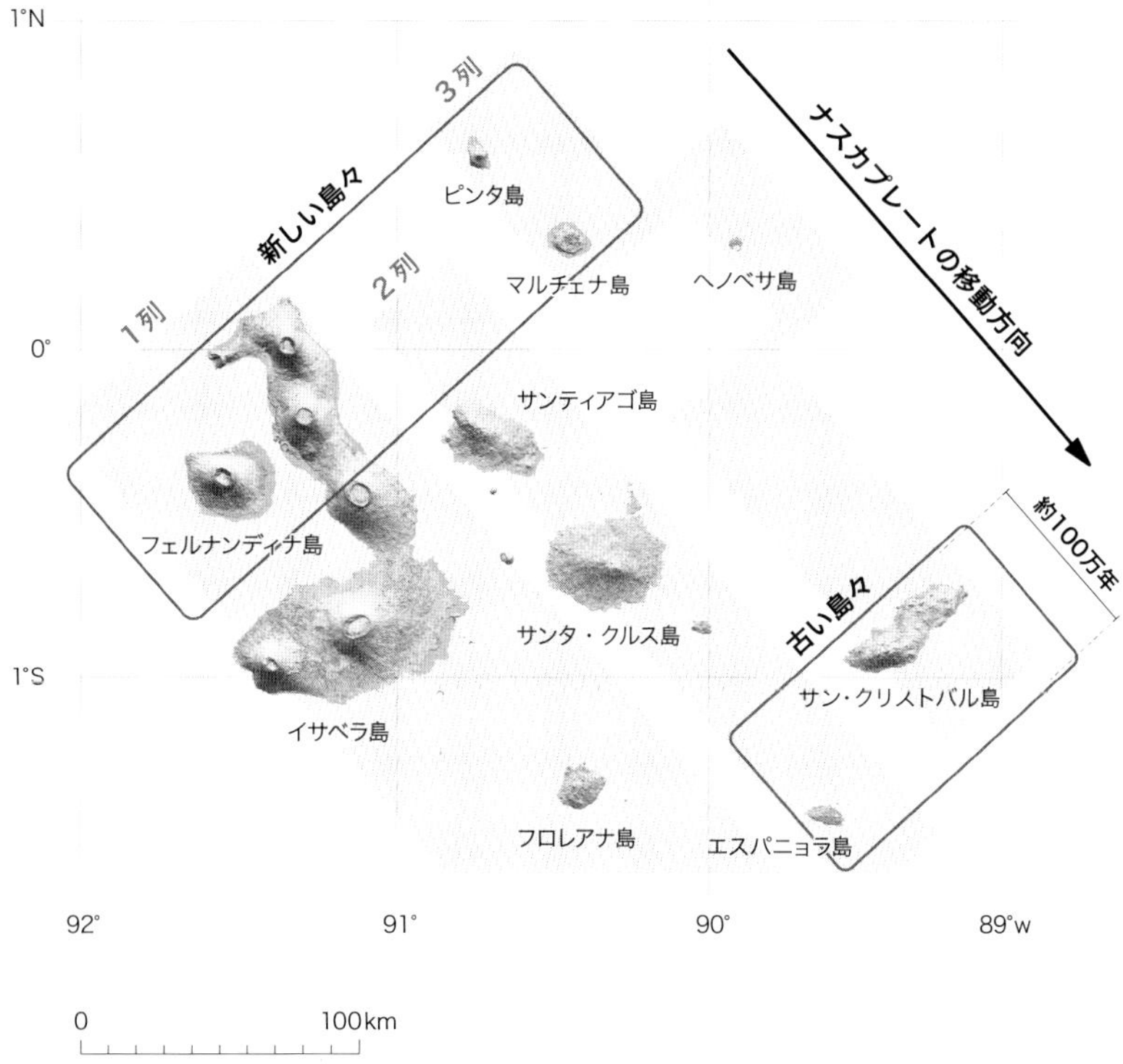

[ガラパゴス諸島の成り立ち]

ホットスポットにあった３つの海底火山が爆発して島をつくった。
島はナスカプレートの上に乗ったまま、南東方向に移動した。
次々とできた火山は同じ列の上を移動したと考えられる（図の１〜３列）。
※『ガラパゴス諸島 ―「進化論」のふるさと』（伊藤秀三、中公新書）をもとに作成。

くりと移動している。その速度は1年に5センチほど。島はベルトコンベアに乗ったようにこの方向へ動いていく。そしてまた100万年ほどの間隔を置いて、ホットスポットでは次の火山活動が起き、新しい島の列ができる。これが今のイサベラ島南部、サンタ・クルス島などを形成した。この島々も、先行する島を追うようにして、プレートの上を南東に移動する。そしてまた次の噴火が起きる。それはフェルナンディナ島、イサベラ島北部などを形成した。

このように、複数のホットスポットの列（1〜3列）とプレートの移動方向を表すと（図［ガラパゴス諸島の成り立ち］）、ガラパゴス諸島の生成過程が実によく、手にとるように見えてくる。そして、なぜ、南東の島々では緑が豊かで、北西の島々では、荒々しい溶岩台地が広がり、植物も少なく、いまだに火山活動が続いているのかが説明できる。

南東に移動していったナスカプレートは、南米大陸に接するところで、巨大な南米プレートにぶつかり、南米プレートの下側にもぐっていく。これはちょうど、日本列島に沿って、太平洋プレートが列島の下に沈み込んでいくのと全く同じ状況である。その証拠に、南米大陸の太平洋岸には活火山を擁するアンデス山脈が広がり、チリ沖は大地震の震源地として怖れられている。

ガラパゴス諸島は、このような地球の動的平衡の上に、あやういバランスをとって存在している。そして今もなお、地理学的にも、生物学的にも、動きの真っ只中にある。

安山岩と玄武岩

私たち〝勉強少年〟は、とにもかくにもよく勉強した。この場合の勉強とは、教科書や参考書の〝丸暗記〟ということである。地学の時間とあらば、安山岩や玄武岩をはじめ、緑閃石《りょくせんせき》、蛇紋岩《じゃもんがん》、石灰岩、大理石など、様々な鉱物の名前と特徴を憶えた。若い脳は、あらゆる知識をスポンジが水を吸うようにたちどころに吸収したし、とにかく物事を知ることが楽しかった。

もちろんその頃はまだ、科学や学問がただひたすらロゴスの力で世界を分節化し、分類し、かつ枚挙しながら名づけていくだけの行為であることに、思いは至らなかった。ましてやその名づけの行為のあいだからこぼれ落ちてしまう、大事な自然のピュシスがあることにも、全く気がつかなかった。

そんなことに目を向けるようになったのは、ずっとあとになってからのことだし、それは一旦はロゴスの極北にいってからのことだった。つまり分解と分析と要素還元主義によって、生命を徹底的に部品化した末に、ようやくそこには、生命の実相は何も残っていないことを目の当たりにしてからのことだった。

今回のガラパゴス紀行も、そんなロゴスから遠く離れて、ただただほんもののピュシスに、つまり自然の原点にじかに触れたい、と願ったところに旅の目的がある。

しかし今、ちょっと言及しておきたいことはその点ではない。安山岩と玄武岩である。安山岩は白っぽい、日本型の火山の石。玄武岩は黒っぽいガラパゴス型の火山の石。それはよい。でも、その知識をもし、他の言語圏の人たちと共有したいと思ったとき――今回の旅で言えば、ガラパゴス国立公園局やダーウィン研究所の研究者と話し合いたいと思ったとき――私ははたと困った。安山岩と玄武岩は英語でなんと言えばよいのか。緑閃石、蛇紋岩、石灰岩、大理石は？ ちなみに調べてみると、安山岩は andesite で、玄武岩は basalt である。

思えば、わが国の近代初期（おそらくは明治時代）の学者たちが、あらん限りの想像力を駆使して学術用語を邦訳してくれたおかげで、私たちはあらゆる西洋の科学知識をすべて母語、日本語で学べるようになった。これはすばらしいことだった。漢字のもつ、象形性やイメージ喚起力は強力である。緑閃石は、確かに緑に輝く石だし、蛇紋岩にはヘビがくねったような文様がある。

しかし、あとになってこれが仇になることを思い知った。自分には、日本語でなら実に豊かな知識があるにもかかわらず、それを外国の人を相手に表出することができないのだ。実にもどかしい。緑閃石や蛇紋岩は英語でなんと言う？（ちなみに答えは、actinolite〈緑閃石〉、serpentine〈蛇紋岩〉）。いや、それどころではない。基礎学力すらおぼつかないと思われかねない。だって、台形や平行四辺形、因数分解や解の公式の英語名がすっと出てこないのだから。はたまた支点、力点、作用点は？ 私は、日本語知識から英語への逆翻訳に多大な努力を強いられることになった。時は21世紀、世界に羽ばたく子どもたちのために、せめて高校以上の教科書の学術用語には原語（英語）を併記するよう提案したい。

＊
＊

このフロレアナ島の水を頼りにして、最初の人々がこの島に住み着こうとやってきた。しかし、それは全く容易なことではなかった。わずかな水があるとはいえ、他には電気も、燃料も、資材も、道路も何もない最果ての島。

ガラパゴス諸島の領有を、当時の大統領フローレスに進言し、それを実現したビリャミールは自ら移民団の団長を引き受け、彼らを引率した。エクアドルとヨーロッパの交易を商売として、政権にも近かったビリャミールがなぜ、それほどまでに、ガラパゴスに思い入れを抱いたのか、今となってはよくわからない。おそらく商人として彼なりの算段があったのだろう。

最初の移住者はおよそ数十人規模だった。ビリャミールは民主的な基本方針を打ち出した。自分の土地を決めたあとは、自由に働き、自由に活動してよい。ただし、共同体の作業、道路建設や水路敷設、公共の建物建築などには全員が平等に協力すること。

人々は少しずつ土地を開き、居住のための掘っ立て小屋を作り、耕作地を耕し、家畜を飼い始めた。しかし、ビリャミールの最初の失敗は、移民団として連れてきた人々の筋があまりよくなかったことだった。彼らのほとんどは〝政治犯〟だった。というのも、当時のエクアドルは独立まもない混乱期にあり、フローレス大統領は軍人出身、政権も軍事政権だった。当然、それに対抗する反対勢力があり、大統領は反体制派を容赦なく政治犯として投獄した。これらの〝罪人〟を、ビリャミールのとりなしによって、ガラパゴス移民団に仕立て上げたというわけだった。それもそのはず、絶海の不毛の島に好き好んで移住し、荒れ地を開墾しようと思う人間などまずいるはずもない。

その後も、ガラパゴスへの移住者は毎年、少しずつ増えてきた。ダーウィンが訪れたのもちょうどこの頃だった。しかし、移住者の素性は、基本的には本国にいられなくなった人たちである。受刑者、素行の悪い男や女、破産者、浮浪者……。

フロレアナ島の移民村の風紀が乱れてくるのも時間の問題だった。また、ひとたび島に渡った人々も、生活の厳しさに音を上げ、すぐに望郷の念に駆られるのだった。島を去る者、逃げ出す者もあとを絶たなかった。

エクアドル政府もまた、領有を宣言したものの、水も資源もないこの群島を持て余したようだった。彼らはガラパゴスを積極的に流刑の島にしてしまった。荒くれた罪人たちが次々と送り込まれるようになり、それを管理するために暴君が派遣されてきた。ビリャミールの後任としてガラパゴスの監督となったのは、ジェームズ・ウイリアムズ大佐という残虐な軍人だった。彼は、恐怖政治を敷いて、ガラパゴスの囚人たちを徹底管理し、強制労働をさせ、虐待し、搾取した。しばしば暴動や流血事件が起きた。しかしウイリアムズは囚人の死をなんとも思わない人物だった。ガラパゴスは次第に荒れ果てていった。

こうして1800年代後半のガラパゴスは、不毛で不穏な土地として、なかば人々の意識から遠ざけられた島となり、おぼろげなかなたにあった。

状況が一変したのは、19世紀末から20世紀にかけてのことだった。ガラパゴスは赤道直下の「楽園」に姿を変えることになる。それには1冊の書物が大きな影響力を持った。ウイリアム・ビーブ著『ガラパゴス——世界の果て』である。

南北戦争から立ち直った米国が力を持ち始めた19世紀末、大西洋と太平洋のあいだにかかる狭い地峡、パナマに注目が集まっていた。時はちょうど、地中海と紅海を貫通したスエズ運河の完成にヨーロッパが歓喜していたときだった。もし、パナマ地峡を運河で開くことができれば、大西洋と太平洋をダイレクトに行き来できる。もう、わざわざ南米の南端マゼラン海峡を迂回する必要はなくなる。その経済上の、そして軍事上の重要性は計り知れない。その恩恵をもっとも享受できるのが米国である。パナマ運河の建設は、米国の政治力と資本によって開始された。

それと同時に地政学的な重要度を増したのが、ほかならぬガラパゴス諸島だった。ガラパゴス諸島は、ちょうどパナマを遠望する太平洋上にある。ここを押さえることができれば、戦略上の有利さは計り知れない。策動が始まった。この点においても、エクアドルが先行して領有権を宣言し、曲がりなりにも入植者を絶えず送り込んで、居住地としての既成事実を作っておいたことはガラパゴスの保全にとって極めて賢明なことだった。さもなければ、ガラパゴスは欧米列強の手に落ちて基地の島と化していたことだろう。

それでも貪欲な欧米諸国が諦めることはなかった。ガラパゴスがまだほとんど未開の地であることを理由に次々と、学術研究の名の下に、調査隊を送り込んできた。ハーバード大学、スタンフォード大学、カリフォルニア大学などが探検に入ってきた。そして１９２３年、ニューヨーク動物学会から、ハリソン・ウイリアムズ探検隊がヨット〝ノマ号〟

によってガラパゴスにやってきた。隊長ウイリアム・ビーブが、翌年、探検の成果を著したのが『ガラパゴス——世界の果て』だった。

この本では、人間に侵されていない、手つかずの大自然が称揚され、奇妙な生物たちの生態が生き生きと活写されていた。ガラパゴスはこの地球に残された唯一の楽園——世界の果て——であると賛美されていた。

第一次世界大戦のあと、疲弊したヨーロッパの中で暮らしていた一部の人々、特に、文明社会に疲れた、思索的な人間の心の琴線に、地球の反対側にある絶海の孤島、ガラパゴスの名が不思議な音色で響いた。

何組かのヨーロッパ人たちが、楽園を夢見てガラパゴス・フロレアナ島にやってきた。1組は、ドイツ人の歯科医とその愛人で、不倫のいざこざを逃れて、大地に根ざした生活を目指していた。歯科医は、ニーチェを愛する哲学者でもあり、菜食主義を標榜していた。少しあとにやってきた別の一家もまたドイツ人夫妻とその息子で、彼らもまた質素な自然派生活にあこがれて都会を捨ててきた、いわば漂流者たちだった。そこにフランスからは、男爵夫人を名乗る女性が、若い男の従者を引き連れてやってきた。彼らはたちまち理想と現実の落差に直面することになった。

私たちは、水場近くにあるという、そんな移住者たちが最初の居場所にした住居の跡、というものを見てみることにした。

scene 2

フロレアナ島の住居跡

ミッチ　モアイ像のような石像は、海賊が彫って作ったとか、ここで生まれた子供たちが削って作ったとか、いろんな噂があり、真実はわからないです。

福岡　インカ時代からあったものではないですよね……。

ミッチ　この洞窟で、最初の入植者や海賊が暮らしていたと言われています。岩を削ったりしてすみかを作ったんです。岩に跡や穴があるでしょう、岩と岩のあいだに板をはめ入れて防護柵や扉にして、侵入されないようにしていました。段差がある岩は、ベッドや座る場所にしていたようです。洞窟自体は掘ったのではなく、もともと洞穴だったようです。1929年にこの地に移り住みに来たのが、歯科医のフリードリッヒ・リターというドイツ人です。自分が虫歯になったら大変だからと、歯を全部抜いて来ました。

福岡　リターさんはなぜガラパゴスに来たんですか？　文明がイヤになったとかですか？

ミッチ　ドイツ人にはそういう歴史がありますよね。できる限り人や文明から離れたところに住みたいと、理想的な場所、楽園を追い求めて来たのでしょうね。

福岡　この辺りの景観は、ダーウィンが来たときとあまり変わっていないような気がします。１８３２年のエクアドル領有以降、人の移住が始まったんですよね？

ミッチ　はい。でもみんな我慢しませんでした。こんなところに住むのは正直、地獄ですよね。水も電気も何も無いですから……。

福岡　でもよくそのときにエクアドルが領有を主張しましたよね。イギリスとかが来る前に……。

ミッチ　それはそうですけど、そのあとひどい歴史もあります。エクアドルがガラパゴスを売ろうとしたんです。もちろんみんな反対しました。まだ石油が出なかった、１９７２年より前のことです。２度ほど、大統領がアメリカ軍に売ろうとしていたみたいです。

アメリカだったら、今ごろマクドナルドとかウィンダムとか、ヒルトンとかここに建てたでしょうね。

福岡　バリ島みたいになっていたでしょうね。

それは黒い溶岩の岩屋で、原始人の洞窟のような場所だった。もともと天然の洞窟だったのかもしれない。そこをさらに加工して、物置台を作ったり、入り口の扉の蝶番の穴を掘ったりした痕跡が残っていた。低い場所にある段差はベッド代わりだったかもしれない。人間の手だけでこれだけの作業をするのはさぞや大変なことだっただろう。そして楽園を夢見てやってきた人々が、身体を横たえた場所が、こんな洞窟だったことの失望を思った。

最初にこの島にたどり着いた動植物が何とかニッチを得て生存を開始できるまでにはおそらく何万年、いや何十万年を要したはずである。ひ弱な哺乳類であるホモサピエンスが、ほんの何年、何十年かで住み着けるほど自然は生易しいものではないのだ。

このあと、私たちは約束通りに迎えに来てくれたピックアップトラックに乗り、港に戻った。ゴムボートでマーベル号に帰ると、ジョージが準備してくれていた美味しそうなランチが待っていた。ボウルに盛られたエビや魚の切り身がたっぷり入ったセビーチェを、それぞれが好きなだけとって、温かいライスにのせて食べる。おつまみは揚げたバナナ（パタコン）。私はこれがことのほか、気に入った。甘くないバナナを輪切りにして、衣をつけてフライにしたもの。ポテトチップスみたいで、ビールにぴったりだ。ビールはスペイン語で、セルベッサ。銘柄はＰＩＬＳＥＮＥＲ。この旅で何本飲むことになっただろう。

午後、私たちは再びフロレアナ島を探検した。今度は、ブラック・ビーチと呼ばれる砂浜にゴムボートを近づけて、ゴムボートが波に乗って砂浜近くに打ち寄せられた瞬間に飛び降りて、浜辺に降り立つ方法——ウェット・ランディング——によって上陸した。こう書くとかっこいいのだが、慣れるまでが大変だった。ちょっとタイミングを逸すると下半身がずぶ濡れになる。実際、私はそうなった。波の引きをよく見極めないとならないのだ。

＊　＊

波を読む——ウェット・ランディングの心得

私たちは、マーベル号の船尾のデッキから、ゴムボートに乗り換えて島に向かって進んでいった。ゴムボートには小型のスクリューエンジンと舵がついていて、副船長のグァーポがそれを巧みに操っていた。島への上陸地点は狭い湾で、そこだけ小さな砂浜になっていた。砂浜まであと50メートルほどの地点で、グァーポはエンジンを止めた。私たちのゴムボートは波に揺られながら上がったり下がったりした。しばらく時間が流れた。グァーポはじっと沖合の方を見ている。マーベル号が海上に小さく見える。

「波を待っているんです」通訳のミッチさんがそう教えてくれた。そう、グァーポは波を読んでいたのだ。そして、私たちのゴムボートを砂浜の一番奥まで送り込んでくれそうな、大きなよい波がくるのを待っている。そのあいだにもいくつもの波がボートの下をくぐり抜けて、浜に打ち上げ、扇型に広がって砂を黒く染め、またすぐに退いていた。私の目には沖合からやってくる、どの波がどうよいのか、皆目わからなかった。

そのときだ。突然、グァーポがエンジンをふかした。グルルルルとボートが震える。待っていた大きな波が向こうからやってきたのだ。私たちは大きく持ち上げられ、そのままその盛り上がりに乗っかったまま、一気に浜辺へと突き進んでいった。ゴムボートの先頭に乗っていたミッチさんがロープを掴んで、砂地の海面に飛び降りて踏ん張った。そうしないと、引き潮でゴムボートがまた沖に連れ戻されてしまう。

「今です。はやく！」

私たちも、荷物や袋が濡れないように担いだり、高く持ち上げたりしながら、すばやくボートから飛び降りた。水は膝くらいの深さだ。私たちは水中用の草履を履いて、ズボンをたくし上げていたので、着衣は濡れずにすんだ。足の裏に砂地を感じる。ジャブジャブ海水を踏んで、急いで波の届かないところまで駆け上がった。首尾は上々。何度もやれば、さすがに運動音痴の私でもこれくらいはうまくできるようになる。

私はあたりの石を見つけて腰掛け、草履を脱ぎ、砂を払って足をタオルで拭き、荷物の中から靴下とトレッキングシューズを出して履き替えて、紐をしばった。探検の準備、万全である。阿部さんが、防水リュックがあるといいと言っていたので持ってきたが、これがこんなとき大いに役立った。防水リュックとは、厚手のゴムでできた樽型の単純な物入れ。私のは、オレンジの目立つ色だった。何でも投げ込んで、開口部をくるくると回してフックを閉めるとそれでもうOK。

そうこうしているうちにゴムボートはヴァーポだけを乗せてマーベル号の方に戻っていった。私たちの島内探検が終わった頃、また迎えにきてくれる約束だ。

これが「ウェット・ランディング」である。これの対義語は「ドライ・ランディング」。桟橋や港湾設備の階段などがあって、濡れずに船から降りること。

ガラパゴス諸島の海岸線のほとんどは自然のまま。溶岩でできた岩場や、海の中にも無数の岩礁があり、近づくことも接岸することもできない。そんなときの上陸のための地点が限られた砂浜であり、そのためのツールがこのゴムボートなのだ。だからガラパゴスの上陸は、ウェット・ランディングがほぼ基本となる。ヴァーポたちガラパゴスの海の男たちは、どこに上陸に適した砂浜があるかを熟知しているのだ。そして、その方法も。

私は最初、ゴムボートから飛び降りるタイミングを読みきれず、慌てて海面に降りたせいで腰まで海水に浸かってしまった。遠浅の海とはいえ、ちょっとの差でえらい違いとなる。

マーベル号の船尾のデッキに立つと、２艘の青いゴムボートが左右に白い波を切ってついてくるのが見える。私は、よくこの場所に立ってガラパゴスの大海原を眺めた。足元にはいつも２艘のゴムボートが、まるでＶＩＰを守る護衛官のようにつき従っている。映画「スター・ウォーズ」に、司令官の乗る宇宙船の両側にぴたりと寄り添って飛ぶ、対の副船が出てくるシーンがあったが、ちょうどそんな感じ。もちろん、2艘のゴムボートは、ロープでマーベル号に繋がれているので、引かれているだけなのだが、まるで、必死に追いすがっているように見える。

私は最初、2艘あるのはバックアップのためだとばかり思っていた。島に上陸して探検をするのは、私、フォトグラファー、通訳、ガイドだけだから、操船者を入れても5名。ゴムボートは1艘あれば十分定員を運べるからである。

ところが、どんなことにも意味があり、あらゆることに理由があるのだった。ガラパゴスでは、上陸用のゴムボートが2艘必要な場合がしばしば出来《しゅったい》するのだった。

それは吃水線の問題である。船は許容範囲内であればどんなに荷物や人が乗っても沈没することはない。そのかわり、乗せる荷重に応じて、水の上に出ている船の高さが違ってくる。これが吃水線だ。ゴムボートに大人5人が乗れば、それだけでボートはかなり沈み込むことになり、吃水線の位置が上がる。つまりそれだけ海中に没する底の距離が深くなる。

するとどうなるか。ゴムボートは、砂浜の十分奥に達する前に、底の砂地に接面してそれ以上進めなくなる。つまり私たちの乗ったゴムボートは波打ち際に達するよりずっと前に、その重みで座礁して上陸地点に届かない。そのまま引き潮に流されて、海の真ん中に連れ戻されてしまう。

だから遠浅の海に、ウェット・ランディングするときは、2艘のゴムボートに分乗してなるべく荷重を少なくし、吃水線を低く保っておく必要があるのだ。先に書いた上陸シーンも、私たちは二手に分かれてボートに乗り込んでいた。こうすることで、さらによいこともある。他方のボートにフォトグラファーが乗って、こちらを撮影してくれると、書き手の私がまさに今、ウェット・

ランディングしようとして緊張しているシーンを、第三者視点から写すことができる。どんなことにも意味があり、あらゆることに理由がある、とはこういうことだった。

私は、夜の暗い海の中を、波をかき分けながらついてくる2艘のゴムボートをみやった。ゴムボートはけなげに見えるとともに、とても頼もしく見えた。

＊＊

ブラック・ビーチはその名のとおり黒い砂が続く砂浜だった。溶岩でできたガラパゴス諸島では砂浜がある場所は限られている。長い火山活動のあと、溶岩流が冷えて、削られ、遠浅の海となり、そこに、これまた膨大な時間をかけて繰り返し波が砂を運んでくる。色が黒いのは、砂に鉄分が多く含まれているからだろう。

砂浜は、人間にとっての上陸ポイントであるとともに——実際、最初の入植者たちは、このブラック・ビーチに小舟をつけて上陸してきた——海の動物たちにとっても貴重な上陸ポイントとなる。

砂浜は、ウミガメにとって重要な産卵場所となり、ウミイグアナにとってもそうだ。それから、アシカたちの上陸場所でもある。あたたかい砂浜のあちこちにアシカたちがそれぞれ気持ちよさそうに寝そべっていた。

上陸したあと、私たちは海岸沿いに海辺の小道を進んでいった。足元には小粒の礫が散らばっている。小石のあいだからは絶えずヨウガントカゲがちょろちょろ見え隠れしている。ヨウガントカゲは体長10センチほどの小型のトカゲだ。かわいらしい。なぜか小石の上など、見晴らしのよいところに乗っかって、あたりをキョロキョロしている。だから私の目にもよくとまる。どれもよく太っており、餌に不自由はないようだ。

ミッチさんの話では、アシカが浜辺や岩場で寝そべっていると、アシカの体表の脂分をあてにして、ハエなどの小昆虫が集まってくる。今度は、それをあてにしてヨウガントカゲたちがやってくるそうだ。

食う食われるの関係は、一見、弱肉強食のヒエラルキーのように思えるけれど、決してそうではない。同じ生存空間を分かち合い、互いに他の個体数を調整しながら、共存する関係性を結び合っているのだ。結果的に、ひとつのニッチを単一種が占有するよりも、総体としてはより大きな個体数＝バイオマスが生存できることになり、物質とエネルギーの循環も促進され、自然の動的平衡が保たれる。

いつしか砂浜は、岩場の海岸に変わっていた。波打ち際には、真っ赤なカニが群生していた。こうして初めて出会う前から、このガラパゴスベニイワガニを私は知っていた。アイブル＝アイベスフェルトの本『ガラパゴス　太平洋のノアの箱舟』（思索社）、129ページに載っていた写真のカニだからだ。この本は50年も前の本で、写真の質もそれほどよくないのだが、それだけにコントラストが強く、青い海を背景に磯辺に散らばる赤いカニのイメージが、あこがれのガラパゴスの光景として目に焼き付いていた。背後の海が限りなく青く、遠いのだ。

アイブル＝アイベスフェルトは、私たち80年代に学生時代を送った人間にとっては、文化ヒーローだった。京都大学の文化人類学者、米山俊直の講義では『愛と憎しみ』が必読書だった。ずっとあとになって、女優の山口果林と話す機会があったときも、この本の書名が話題に上った。彼女が付き合っていた作家・安部公房が、必読書として推薦していたという。もうひとつの必読書は、エドワード・ホールの『かくれた次元』である。この本も懐かしい。おそらく〝同時代の書〟だったのだ。どちらも、みすず書房から出ている白い背表紙の本だった。当時、私たちは、みすず書房から刊行されている思想系の難解本のことを「シロ難」と呼んでいた。

『愛と憎しみ』も『かくれた次元』も、ヒトを含めた動物の行動学、生態学をもとに、生物行動の原理に迫った論考だ。私たち生物はみな、その属する種が命令する「産めよ、増やせよ」という命令に従って生きている。しかし、種のメンバーとしての個体と個体の関係には自由度と多様性がある。

今思えば、『かくれた次元』には、現在コロナ禍に悩む私たちが強制されているソーシャル・ディスタンシングを先取りする論考がなされている。個体と個体との距離（ディスタンス）には、その社会が規定する制限がある。赤の他人ならば、それ以上は近づけない距離があり、家族であれば近づける距離、そして恋人同士だけが互いに接近できる距離の約束がある。

アイブル＝アイベスフェルトは、ガラパゴスにも縁が深い学者である。１９５０年代後半、ユネスコからガラパゴスに派遣された彼は島々を調査研究し、ガラパゴスの自然を守るためには、ここに研究所を置き、保護のための基金を設ける必要があると考えた。サンタ・クルス島の南側、現在のアカデミー湾を見下ろす台地に、ダーウィン研究所が設置され、ダーウィン財団が創立された。ガラパゴス全域が動植物の保護地区に指定された。これらの活動を主導したのが、アイブル＝アイベスフェルトなのだった。ダーウィン研究所の隣に、エクアドル政府の国立公園局の事務所も併設された。『ガラパゴス　太平洋のノアの箱舟』は、そのときの記録である。

私は、１９６０年代から、ガラパゴス国立公園やダーウィン研究所で活動してきたチャピさんが、ひょっとすると、アイブル＝アイベスフェルトに会ったことがあるかもしれない、と思って尋ねてみた。が、残念ながらチャピさんは彼の名を知らなかった。

さらに海岸沿いを進むと岩礁が半島のように突き出た場所があった。その半島に静かな湾が抱かれていた。フォトグラファーの阿部さんが、水中カメラを持って、潜ってみることになった。

シュノーケルをつけて海に入った阿部さんが浮かび上がって大声で叫んだ。

「ウミガメがすぐ近くに寄ってきています！」

２４９ページに掲げたウミガメの写真を見てほしい。ガラパゴスの生物たちは、人間の存在を怖れない。怖れないどころか、むしろ興味を持ったように接近してさえくるのだ。

2020.03.05
ISLA ISABELA
PUNTA MORENO

3月5日　イサベラ島　プンタ・モレーノ

フロレアナ島探検を終えた私たちのマーベル号は、イサベラ島プンタ・モレーノを目指す航海に出発した。プンタはポイント、つまり突端という意味で、モレーノ岬のことである。一路、太平洋を西に向かい、タツノオトシゴのようなイサベラ島の南部をぐるりと回ってそのお腹側に出る。今回の旅でも最大の航路だ。ここから南側に島はなく、船は大海原をただただ航行していく。ダーウィンのビーグル号もこの経路を通った（巻頭・航海図参照）。

航路はおよそ180キロほどあり、マーベル号の時速は平均15キロなので、夜通し、暗い海を進むことになる。

私はノートにその日にあったことをメモして、フロレアナ島に住み着いた人たちのことを思いながら、早めにベッドに入った。夜半、ふと目が覚めた。暗がりで時計を見ると、午前1時14分だった。船窓から外を覗くも暗い海しか見えない。

ウィンドブレーカーを羽織って甲板に出てみた。あたたかい風が暗い海を吹き渡っていた。そして空を見上げると満天の星だった。都会では考えられないほどの星屑が散らばっていた。船の赤と緑の標識灯以外、あたりには一切あかりもないのだ。

オリオン座の三ツ星はすぐにわかったが、あとの星座がわからない。そう、ここは南半球なのだ。どこかに南十字星が見えるはずだ。目が暗さになれるにしたがって、どんどん星の数が増えていった。星は目の端で見た方がよく見える。網膜の周辺部の方が明暗に敏感な視細胞がたくさんあるからだ。空の中心に天の川がゆったりと流れていた。ここには星空と自分しかいない。

以前に、こんなふうに時間を過ごしたのはいったい、いつのことだっただろう。ひょっとすると少年の頃以来、一度もなかったのではないだろうか。

都会で生活していると、こまごまとした仕事に追われ、雑事に取り紛れ、それだけで一日が終わってしまう。ずっとモニターの前に張りつき、カタカタとキーボードを押している。風を感じることも、空を見上げることもない。ベッドに入ってからでさえ、スマホをスクロールしている。

ここでは、ネットのWi‐Fiなどない。携帯の電波さえ届かない。バーチャルな次元から一切、切り離される。その日、一日のなまの体験があるだけだ。見て、歩き、泳ぎ、食べ、排泄し、眠る。それだけで精一杯だ。

そうなると不思議なことに、ネットのニュースや仕事のメールなんか、全く見たいとは思えなくなる。そんなことはどうでもよくなる。芸能人の誰それが不倫をしたとか、クスリで逮捕されたとか、そんなことにも興味がなくなる。同時に、自分の焦燥や執着からも解放される。つまり私を拘束していた、あらゆるロゴスから解放されるのだ。

星空を見上げながら、ピュシスの実相を感じた。

生きものはすべて、時期が来れば生まれ、季節がめぐれば交わり、そのときが至れば去る。

去ることによって次のものに場所を譲る。

なぜなら私もまた誰かに譲られた場所にいたのだから。

生と死。それは利他的なもの。

有限性。それは相補的なもの。

これが本来の生命のありかた。

ガラパゴスのすべてのいのちはこの原則にしたがって、今を生きている。

今だけを生きている。


ロゴスの最たるもの。つまり、バーチャルな次元は、生命にとってもっとも重要なこの原則――有限性の中にあるからこそ自由に価値がある――というこの原則を無化し、無化することによって逆に生命を損なっているのではないだろうか。

急に夜風が冷たくなってきた。私はウィンドブレーカーの襟を寄せて、船内に戻り、もう一度、眠ることにした。航路はまだ長い。


外が白んでいることに気がついて、目が覚めた。快晴だ。窓から島と山が見える。私は、急いで着替えると甲板に出た。雄大な島影の全貌がくっきりと見渡せた。それはまさに夢にまで見たガラパゴスの光景だった。なだらかに左右に広がる広大な台地のような火山の山腹には、溶岩流が作り出した縦縞の濃淡が幾筋も並んでいる。それは疾走するシマウマのようにも、横たわる竜の鱗模様のようにも、あるいは奇妙なことに、スキー場のゲレンデのようにも見える。濃淡は全体としては青みがかっており、古い溶岩流と新しい溶岩流の上に作られつつある植生の違いが、この光景を作り出していることがわかる。溶岩流はそのまま海にまで達し、荒々しい海岸線を作り出している。むろんのこと人工物は一切見当たらない。

地図と照合してみると、今、私の目の前に広がるのは、イサベラ島の南部を構成するセロ・アスール火山とそれに連なるシエラ・ネグラ火山だとわかる。いずれも1000メートル超級の山岳で、同じイサベラ島を形成する複数の火山のうち、比較的古く形成されたものである。その分、風化と緑化が進んでいる。アスールとは青という意味だ。火山は繰り返し、噴火を起こし、その爪痕がこのような縞模様を作り出しているのだ。

このような景観に憧れたのは、私が翻訳した絵本『ガラパゴス』（講談社）にみごとに活写されていたからだ。この本は、ガラパゴス諸島の成立から書き起こされ、そこにどのように生態系が形成されていったかや、また、ダーウィンがやってきたときの様子までが、美しくも正確な絵で表現されていた。著者のジェイソン・チンは、実際にガラパゴスを旅してこの端正な本を作った。だからなおさら、私はその実際の、シマウマのような山肌を見たかった。それが今、実現している。しばしこの光景にみとれた。

マーベル号は、イサベラ島を南から時計回りに回り込み、プンタ・モレーノを目指して島に近づいていった。やがて小さな湾内を見渡せる場所に来ると、エンジンを止め、錨をおろした。船が止まると波は静かで、ほとんど揺れはない。

私は、船酔いを恐れて、酔い止めクスリ（前年に行った台湾旅行の船旅で大揺れしたとき、役に立ったアネロン）を持っていたのだが、ここまで船酔いすることはなかった。船旅の高揚感がそれに勝っていたのだろうし、一切のロゴス的なものから切り離されたこのピュシス時間が、私をして船酔いという言葉を忘れさせたともいえる。

ジョージが忙しく朝食の準備をしてくれている。どうやら今朝はフレンチトーストのようだ。甘く香ばしい匂いが厨房から立ちこめてきた。ジョージのメニューはほんとうに私たちを飽きさせることがない。

そのときである。

船のすぐ近くの海面で激しい水音がして、盛大な水しぶきが上がっているではないか。それはガラパゴスコバネウだった。コバネウは、その名のとおり羽が短くなって退化し、空を飛べなくなってしまった鵜《う》の一種で、ガラパゴス島の固有種である。残念ながら、ダーウィンの記録には、この不思議な鳥、コバネウについては記述がない。この海域を航行したときも、気づかなかったのだろうか。もし彼がこの鳥を見たらなんと書いただろうか。とても興味あるところだ。というのも「退化」をどう捉えるかは、進化論を考える上で、極めて重要な問題となるからだ。

もし、海の幸が豊富で、外敵も少ないこの地で、コバネウたちが、飛ぶ必要がなくなったため、徐々に、羽が要らなくなって短くなったとするのなら、それはダーウィン理論の中心命題、突然変異と自然淘汰のセオリーには合わなくなるからだ。要らない能力、使わない機能は退化する一方、必要な特性、こうあれば便利な性質が進化するのであれば、それは進化の「用不用説」となる。これはダーウィンに先立つ先達、フランスの動物学者ジャン・ラマルクが考えた進化セオリーだった。たとえば、キリンの首がなぜ長いかを説明する際、キリンは高いところの木の葉を食べようとして、何世代にもわたって、首を伸ばし続けた結果、長い首が獲得された、とする。しかし、現在の進化論では、このような使用頻度や努力、さらには意思や希求によって進化の方向性が決まることを一切否定している。もちろん、個体一世代限りにおいては、身体能力や知能が訓練や学習、環境の影響によって向上したり強化されたりすることはある。しかしこれらが世代を超えて遺伝することはない。獲得形質は遺伝しない、というのがダーウィン理論の骨子である。訓練や学習の成果は、個体の体細胞の変化には寄与するものの、精子や卵子、つまり生殖細胞には伝達されないからである。

これは退化についてもいえる。たとえば、暗い洞窟内で長い年月生存してきた魚や昆虫で、目の機能が退化してしまった種が存在することが知られている。しかし、このような変化を、使わないこと、不必要なことが、世代を通じて継承された結果、退化につながったとするのなら、これまた獲得形質の遺伝になってしまう。不用なことが、生殖細胞に伝達されるメカニズムは、ダーウィンの進化論では考えられない。

生殖細胞の遺伝子に、たまたま生じた突然変異だけが世代を超えて遺伝される。そして、突然変異は、意思や希求とは関係なく、すべてランダムなものとして生じる。その中で生存に有用なものだけが自然選択される。これがダーウィニズムである。

なのでダーウィニズムにおいては、「退化も進化である」と考えなくてはならない。鵜の仲間の中で、あるとき、羽が短くなってしまうような突然変異が生じた。羽が奇形になれば飛ぶことができず、本来であれば、移動するにも、餌を求めるにも、敵から逃げるにも、鳥にとっては、不利な形質となってしまう。

だから、コバネウの祖先にとって、羽が短くなってしまうことが、むしろ生存に有利になるような自然選択が働いたと考えねばならない。そんなことが起こりうるだろうか。敵がおらず、海に潜る能力さえあれば餌も豊富に得られる、このガラパゴスの環境では、羽を維持するための筋肉やそのコストを捨てた方が有利に暮らせることになったのかもしれない。しかし、だからといってガラパゴスに生きる鳥が皆、羽を捨てることになったわけでもない。

やはり、コバネウは、ガラパゴスの豊かで平和な生活環境の中で、進んで羽を捨てる道を選んだと考える方がなんだかすんなり納得できる気がする。だからこそダーウィンが、この不思議な鳥、コバネウを見たらどう考えたのか知りたかったのである。

大ダコをくわえて浮上してきたガラパゴスコバネウ

さて、そのコバネウである。それが私たちの目の前で派手な取っ組み合いを繰り広げているのだ。大ダコを捕まえ、それをくちばしでくわえて振り回したり、水面に叩きつけたりしている。捕まった大ダコの方は大ダコの方で、あらゆる手足をくねらせて、コバネウから逃れようと暴れまわっている。その大格闘が、私たちの船のすぐそばの水面で、盛大に行われているのだ。

阿部フォトグラファーは連続シャッターを切ってこの活劇を写真におさめている。決定的瞬間とはこのことだ。とうとう戦いはコバネウの勝利に終わった。コバネウは、獲物を逃さないよう、首を高く上げてなんども空中でしっかりとくわえ直しながら、大きく口を開けてついにはタコを丸呑みしてしまったのである。

舷で、一部始終を見ていた私たちは、一斉に手を叩いた。満足したコバネウは、さも誇らしげに悠然とあたりを泳いでから向こうの方へ去っていった。すごいなあ。

ふと私の中に、確信のような思いが湧き上がってきた。コバネウは偶然、ここで獲物を捕らえたのではない。むしろ、私たちに、進んで自分の妙技を見せびらかすために、このショーをわざわざここでやってみせたのだ。

ガラパゴスの生物たちは、人間を恐れないどころか、むしろ私たちに対して興味を持つ。何かを語りかけてきたり、何かを示唆するような行動をさえ見せる。今回もそうだった。この旅で私はそれを何度も体験することになる。

朝食のあと、私たちはゴムボートに乗ってあたりの海域を観察することにした。海岸はすべて溶岩が流れ落ちたままの岩壁となり、一部はマングローブの森となり、また別の一部は海に見え隠れする岩礁となっている。空は快晴。海は真っ青。赤道の太陽が真上からじりじりと照りつける。

斜めになった岩礁のやや平らになったところには、おびただしい数のウミイグアナが蝟《い》集《しゅう》している。みんなで寄り合って太陽光を浴び、体温を高めつつあるのだ。十分温まってから海にダイビングして海底の岩の海藻を齧り取る。

また別の岩には、コバネウが短い羽を広げ、ペンギンたちが海に入ったり岩に登ったり、ペリカンたちも大きな翼を悠然と広げてあたりを飛行している。みんな自由で余裕がある。

私はシュノーケルをつけてあたりの海を少し泳いでみることにした。水はそれほど冷たくない。ただただどこまでも青い。海中を覗くと色とりどりの魚が行き過ぎる。と、突然、向こうからアシカが泳いできた。アシカはものすごい勢いでこちらに向かって突進してくる。あっ、あぶない。と思った瞬間、くるりと身を翻して反転してみせた。泳ぎに関してヒトはアシカの足もとにも及ばない。無様に水をかく私を見て、アシカがからかいにきたのだ。そのあともアシカは近づいては遠ざかりを繰り返し、ぐるぐる私のまわりを自在に泳いでみせた。あげくには、ボートに向かって上下に動かすフィンの先に後ろから噛みつきさえした。もちろん甘噛みである。彼らは遊んでいるのだ。

情けないことに、海面からゴムボートに乗り込むのがひと苦労。脚力と腹筋と懸垂力があれば、自力でしがみついて上がれるのだが、そんなことは非力な私には到底無理。両肩をグァーポとミッチさんに抱えてもらって引き上げられ、ようやくボートの上に戻る。まるで溺死体の回収作業のようだ。息が上がる。これまた、ニセモノ・ナチュラリストの正体。

いったん、マーベル号に戻り、昼食となる。魚のカレー、サラダ、フルーツ。生き返る。小一時間ほど休憩。

午後からは、プンタ・モレーノ（モレーノ岬）の岩礁地帯にボートを近づけ、そこから上陸し、島の探検を行う。あたりは一面、ひび割れた褐色の岩盤だった。歩きにくい。ぐらつく浮石も多い。ところどころには、大きなクレバスのような割れ目が口を開けているので注意が必要だ。目の前のシエラ・ネグラ火山もしくはセロ・アスール火山の噴火によって流れ出した溶岩が固まってできたものだ。溶岩の流れそのままの形を残したバウムクーヘン状の褶曲《しゅうきょく》模様があちこちにある。

これこそ、まさにできたてのガラパゴス諸島を再現した場所だといえる。ステージ・ワンといってよい。ガラパゴスは進化の袋小路などではない。進化の最前線なのだ。しかも異なるステージが異なる場所で同時進行している。それを目の当たりにできる稀有の場所なのである。

まず溶岩が冷えて固まるまでに長い時間を要したはずだ。しかしそこには水はない。わずかな雨水が降ったであろうが、水分はたちまち割れ目に吸い込まれてしまう。だからもしこの段階で、何らかの方法でこの場所にたどり着いた動物や昆虫がいたとしても、生存の確率はゼロだったはずだ。水も餌もない。

だからこの場所に最初に生存できたのは、ごく少ない雨水と空気中の湿気と、太陽光線だけで、荒れ果てた溶岩の隙間にわずかに生着できた乾燥につよい植物だけだったはずだ。それがヨウガンサボテンだった。最初は、羽を休めるためにこの荒れ地にたまたま立ち寄った鳥の糞などに種が含まれていたのだろう。実際、今も岩の割れ目などにヨウガンサボテンの小さな茂みがところどころにできている。

サボテンは貧弱な根しか持たない。しかしこれが岩のわずかな窪みや裂け目に生着でき

溶岩台地に生えるヨウガンサボテン
（イサベラ島　プンタ・モレーノ）

る理由でもある。台風や嵐がほとんどない赤道直下のガラパゴス島では、暴風にさらされることもない。水を奪われやすい葉の代わりにトゲを持ち、肉厚の茎が光合成を行い、水分を保持する。

ヨウガンサボテンたちは、パイオニアとしてふさわしい行動をとった。つまり利他的に振る舞った。過酷な環境でできるかぎり水を溜め、必死に光合成を行い、実をつけ、有機物を合成し、それを大地に落とすことで、わずかな土壌の基礎を作った。

こうして次の植物が生育できうるニッチが作られた。鳥が運んできたのか、気流に乗ってきたのか、それはわからないが、ここに生着できたのは、ダーウィニオタムヌスと呼ばれるキク科の植物だった。実際、内陸に向かって歩いて行くと、あちこちにこの植物の灌木を見ることができる。このようにある植物相は別の植物相を呼び込み、その都度、わずかながら有機物が土壌を形成し、不毛の溶岩台地を緑の茂みに変えていく。するとようやく昆虫や動物たちが到来するチャンスが作られることになる。

ここにはその遷移と進化のステージが再現されているのだ。

私たちはさらに溶岩平原を進んでいった。すると前方にやや小高く盛り上がった台地があり、その向こうはカルデラ状に落ち込んで水が溜まったラグーンになっていた。淡水ではなく海水が浸潤してきたものだろう。カルデラの周りは灌木に覆われていた。水面を追っていくと、ちょうど向こう岸に目も覚めるような紅色をした細身の鳥が佇んでいた。フラミンゴだ。フラミンゴは北米カリフォルニア原産だが、ここに飛来したものが定着しているらしい。

絶海の孤島は、海で遠ざけられた隔絶の地であるように見えて、絶えず生命の流入を受け入れ、育んでいる。

*
*

ジョージのキッチン

ガラパゴスはすばらしかった。それは間違いない。聞きしに勝る、荒々しい溶岩の台地とそこに棲息する特異的な生物たちの生の営みを目撃したことは、あらゆる意味で私の生命観を刷新してくれた。それはこの日記の本編に詳述したとおりである。一方、ガラパゴスは限りなく過酷だった。ナチュラリストを名乗ってはいるものの、私の正体は、都市生活に依存するひ弱な都会の人間にすぎない。次々と押し寄せてくる容赦なき自然、つまりむき出しのピュシス（＝自然そのもの）の洗礼をもろに受けて、たじろがざるをえなかった。

照りつける赤道直下の太陽。歩きにくいがれ場。クレバスのような岩の割れ目。四つん這いになってさらに身体を低くせねば通り抜けられないような狭くて暗い洞窟。熱くて素足では到底歩けないような砂浜。その砂浜にボートで接岸して上陸するときは、腰まで水に浸かってしまう。そのあとは溶岩台地をひたすら歩く。身体に張り付いたシャツは塩水と汗でどろどろになる。

かと思えば突然の土砂降り。慌ててかっぱを羽織るが、雨脚の方がずっと強く、あらゆるものがぐっしょりと濡れてしまう。一方、水筒の中の飲水はわずかしかない。どんなときでも喉が渇き、そして、こんなに喉が渇いていてもおしっこに行きたくなる。これもまたピュシスだ。しかしもちろん島の原野には公衆トイレも水道もない。ガラパゴスの自然を乱す行為は厳禁である。常にネイチャー・ガイドが同行して監視してくれている。船に戻るまでがまんするしかない。そしてようやく船に戻ると、待っているのが例のあのすてきなトイレである。そして、貴重な、しかし冷たい真水がちょろちょろとわずかにしか出ない足踏み式のシャワー。しかも、そのシャワーはトイレ室の中にあるのだ。

船室は個室とはいえ、狭くて暑い。天井も低い。旅の荷物。着替え。濡れた服。靴。ノート。メガネ。その他、あらゆるものが散らかってあたりはごちゃごちゃだ。ベッドの上で起き上がろうとすると頭がつかえてしまう。どこからか持ち込んでしまった細かい砂がシーツの上に散らばってザラザラする。船が動いているときは激しい揺れがあり、船外にある発電機のうるさい音がずっと鳴り響いていた。ひどい船酔いにこそならなかったのは幸いなことだったが、揺れが身体のいたるところに染み込み、船が止まっているときや、陸に上がったときでも、しばしば、頭がゆっくりと左右に振られるようなめまいがした。いわゆる「陸酔《おかよ》い」というやつだ。しばらく目を閉じてやり過ごす。

それだけではない。ガラパゴスの、私たち以外の人間は誰もいない、静かな湾に停泊し、遠い波音を聞きながら、長い一日がようやく終わって、ベッドに横たわり、今日見たもの、聞いたことを思い出す。今日も新しい発見がたくさんあった。すばらしい一日だった。するとそのときである。耳のそばをプーンと横切る嫌な音がした。えっ、と思って飛び起きる。枕元のランプをつける。蚊だ。蚊が目の前を横切ってふーと通り過ぎていくではないか。ガラパゴスの、こんなところにも蚊がいるのか！　夕涼みのため、小窓をあけておいたのがよくなかったのだ。私はバスタオルを握って蚊を目で追う。

私は、生きとし生けるものをすべて公平に愛するナチュラリストを自任している。特に昆虫は大好きだ。少年のときから筋金入りの虫オタクだったから。しかし、告白すれば、蚊だけはどうしても許すことができない。蚊に刺されたときのあのたまらない痒みが耐え難いのだ。どうも私はちょっとした虫刺されアレルギー体質らしく（小さい頃から虫とりに行って、さんざん、蚊やハチやアリに刺されたせいかもしれない）、蚊に刺されると猛烈に赤くなり、猛烈に痒くなる。しかもたくさん人がいると、私が一番に刺され、しかも間違いなく、よりたくさん刺される。何箇所も刺される。自分では、そんなにみずみずしいエロスがあるとは到底思えない私のこの身体を、蚊は猛然と求めてくるのだ。体温が高いのか、皮膚からの二酸化炭素放出が多いのか、特殊な加齢臭があるのか、あるいはB型だからか（これは科学者がいうべき言葉ではないな）、蚊の格好のターゲットになってしまうのだ。

私は、蚊を追い払おうとタオルを振り回した。ついに壁際に追い詰めて叩き潰した。と、思った次の瞬間、暗がりから、すーっと奴が飛び去っていくのが見えた。その航跡を目で追っていると、なんと今度は別の蚊が違う方向から飛んできた。足元を見るとさらに2、3匹の蚊が飛び交っているではないか。部屋中、蚊だらけだ！　悪夢である。なんでこんなに蚊がいるのだ。パニックになった私は狂ったようにタオルを振り回した。時すでに遅し。案の定、何箇所も刺されているようで、猛烈な痒みが足首や腕から駆け上がってきた。海辺近くのヤブに潜む蚊の鋭敏な知覚は、湾内に停泊した船の中のかすかな匂いですら探知できるとしか思えないが、もしそうなら恐るべき能力といわざるをえない。

蚊はターゲットを察知すると音もなく着地して、その鋭い口吻を使って皮膚を切り裂く。蚊の口吻は左右に二対の鋭利なメスとナイフがあり、それを巧みに使って瞬時に切開を行う。そして鋭い切っ先がついたストロー状の口（吸血管）を差し込んで、全く正確に毛細血管を探り当て（おそらくストローの先に温度と振動と血の匂いを感知する知覚レセプターがある）、そこから血液を吸い出す。その間、数秒から十数秒の早業だ。蚊は、人間の皮膚にある痛点や圧を感じる神経を巧みに避けてとまるので、こちらは吸血鬼が取りついたことに気づけない。

そして蚊の吸血管の直径は、お医者さんの注射器の針の20分の1以下。これを刺されても全く痛くない。蚊の吸血管の内径は、ヒトの赤血球の直径よりもひとまわり大きい程度。つまりタピオカミルクティーを太めのストローで吸い上げるのと同じ感じだ。ずるずるずる。蚊はちょうどあんな食感で吸血しているに違いない。ただし蚊は肺の息で吸い上げているわけではない。吸血管に続く胃袋がひょうたん状になっており、その収縮でポンピングしている。

もし、蚊がただ血を吸うだけで、あとに痒みを残すことがないのなら、私は喜んで蚊に献血してあげたいと思う。蚊が吸う血の量などたかが知れている。なので、いくらでも血をあげよう。しかし蚊の方はそうはいかないのだ。

蚊は、吸血の途中でストローの中で血が固まったり、詰まったりしないよう、特殊な凝血阻止物質を送り込みながら吸血しているのだ。この物質がアレルギー反応を引き起こし、大きな痒みの原因となる。また、日本脳炎、デング熱、西ナイル熱、マラリアなど恐ろしい病気を媒介するコガタアカイエカ、スジシマカ、ハマダラカといった蚊は、病原ウイルスやマラリア原虫を、この凝血阻止物質と一緒に送り込んでくるのだ。

だから蚊を皮膚の上で叩き潰すのはよくない。圧力で蚊の体液が皮膚内に押し戻されてしまう。できれば爪先でそっと弾き飛ばすのがよい。もちろんパニクっていた私にはそんな憐憫の余裕は微塵もなかった。

なんとか部屋の中の蚊を退治し、窓を固く閉め、ようやく一息ついたときには、ヘトヘトに疲れていた。おまけにあちこちが痒い。持ってきていた痒み止め薬をそこら中に塗りまくったが、そんなことでは痒みはなかなか治まらなかった。

ことほどさように、毎日がチャレンジだった。特に、都会のひ弱な、ニセモノ・ナチュラリストにとっては、徹底的に困難と困惑の日々だった。ちょっとした日焼けで皮膚がヒリヒリし、足が砂だらけになり、シャツもパンツも塩水と潮風と汗でぐっしょりとなる。

よろけながら岩場を歩いた。またあるときは、切り立つ岩峰のあいだの、泡立つような波に揉まれる急峻な隙間を、向こうの出口まで泳ぎ切らなければならなかった。もちろん真っ直ぐに落ちる海の深さは底知れない。もう文字通り死にものぐるいである。

知らないうちに手足のあちこちに擦り傷、切り傷を受けた。船に戻れば戻ったで、トイレの汚さの前に極度の便秘となり、わずかしか出ない冷たいシャワーに四苦八苦し、おまけに狭い船室で、このように蚊の襲撃を受ける。ほんとうに疲労困憊した。むろん、それは日々、目の当たりにするガラパゴスの偉大さと雄渾《ゆうこん》さに何十倍も圧倒され、感動させられ、鼓舞されつづけることの強烈さを重ね合わせた上での疲労困憊である。これこそが、むき出しのピュシスの洗礼なのだった。ちょっと大げさではあるが。

そんな私たちを救ってくれたのが、他でもない、船の料理人ジョージ・アヴィレスが作ってくれた三度の食事だった。食べることもまた生命にとってのピュシスである。そして船のごちそうは、かけがえのない恵みのピュシスだった。

温かいスープ。ふんだんで新鮮な野菜サラダ。メインディッシュは豪華な肉か魚。しかも肉は、牛、豚、鶏と日替わりで、料理法も、ソテー、ピカタ、グリル、煮込みなど多彩で、私たち船客を全く飽きさせることがない。付け合わせには、潰したバナナの揚げ物（パタコン＝これは甘くないバナナで作る南米の名物料理）、マッシュドポテト、炒め野菜など。こんな小さな船の上で、私たちは毎日、贅沢なごちそうを囲むことになった。フェスティビティ（祝祭）といってもよい。

炊いたお米が主食であることも私たち日本人をほっとさせてくれた。しかもそれは、単なる白ご飯ではなく、毎回、炊き込みご飯であったり、お出しをきかせた香ばしいピラフ風だったりと工夫が凝らされていた。料理の味はやや濃い目であることが多かったが、日中、目一杯活動している私たちにはとても美味しく感じられた。

これが大皿に載って出されてくる。それを各人が好きなだけ自分のお皿によそって食べるスタイル。これは、その日の体調や食欲に合わせて分量が調節できるからうれしい。そしてジョージはちゃんと主菜をいつも一人分程度、多めにサーブしてくれていた。だから、美味しく食べて、なおもうちょっとだけおかわりしたいな、というときには、それをみんなで一口ずつ分けることもできるのだった。

おまけに食後は必ず、フルーツやアイスクリームなどのデザート、コーヒーまでついていた。フルコース・ディナー。

チェックのテーブルクロスも交換されている（これは209ページに別記する、働き者フリオの仕事だった）。

朝は朝で、焼きたてのトースト、甘いシロップがかかったパンケーキ、ハムやチーズのサンドイッチ、フレンチトーストなど。それからスクランブルドエッグや目玉焼き。フルーツジュース。ミルク。昼は昼で、カレーや魚介のセヴィーチェ、タコを入れた炊き込みご飯など。

また、私たちが夕方、島の探検から船に戻ってくると、ジョージは必ずおやつをお皿に盛って待っていてくれた。それは揚げた一口餃子（みたいなもの＝エンパナーダ）や、ポンデケージョだった。熱々のスナックを頬張るとたんに元気がでる。今日はちょっと早めにビールを飲もうかな。先にも述べたが、当地ではビールは「セルベッサ」という。小瓶に入った〝PILSENER〟という銘柄のものだった。すっきりして飲みやすい。私は船の上ではずっとこれを飲んでいた。夕食のときも、風に吹かれながら赤道を越えたときも、夕日が空を茜色に染めるときも、満月が海に光の道をつけるときも。

それにしても、ジョージの料理は完璧と言ってよかった。5泊6日の船の旅のうち、同じメニューは二度出ることはなく、どの一皿もはずれメニューというものが全くなかった。どれも見事な出来栄えで、見た目も味もすばらしかった。よく海外旅行に行くと、頼んだ料理が運ばれてきてみると、思っていたものと全然ちがっていて、味も全く期待はずれで、どうしても食べきれない、ということがあるが、そんなことは一度もなかった。むしろ普段の私の食生活よりずっと上等だった。

そして驚異的なことは、ジョージの段取り力である。限られた船の保存スペースに（一応、大型の冷凍冷蔵庫がある）、5泊6日分の三度三度のメニューを予め考え、それに応じた乗員総勢8名分の食材、調味料、水、食器、調理具などをすべて買い込み、積み込まなければならない。肉や魚だけでなく、野菜、果物、卵などすべてである。そもそもガラパゴス自体が隔絶された島である。多くの物資は大陸から調達されるものだから、相当前もって準備しなければならない。それをジョージは何ひとつミスなくこなしている。

しかもどの料理も相当手が込んでいる。ソースを作るにも、食材の下ごしらえをするにも、冷凍のものを解凍するにも（朝、デッキに出ると、その日の夜の食材の肉塊が外に置かれて解凍されていた）、入念な準備がいる。船のキッチンはとても小さい。コンロは一応3口あり、その下にグリルもあるが、どの鍋でどの調理をどういう順番でするかを考えるのは、かなり頭を使うはず。

私たち研究者にとっても、科学実験の成否を決めるのは、その下準備や計画や段取りの手際よさなのである。しかも毎回毎回、8人前プラスアルファの分量で料理を作らねばならない。考えてみるとこれはたいへんなことである。多大なる知力と労力を要する。おまけに毎回、食後にはあとかたづけや洗い物がある。8人分の！ むろん、船にはディッシュウォッシャーなどない。

思えば、ジョージはいつもキッチンに立って忙しくしていた。たぶん、我々が島に上陸して調査・研究しているあいだにも、下ごしらえや準備をしていたに違いない。あるいは前の日に余ったフルーツをミキサーにかけてフレッシュジュースを作ってくれたりしていた。

最後の日の夜、旅の無事のお祝いとして、ジョージはすばらしいケーキを焼いてくれた。生クリームに彩られたチョコレートホールケーキ。こんなケーキの材料と調理具までジョージは準備万全だった。

ケーキの取り分け方がまた振るっていた。私たち日本人なら円形のホールケーキを切るとき、ピザをカットするように縦、横、斜めにナイフを入れて、六等分、または八等分する。でも南米人のやり方は違っていた。まず中央部分をまあるくくり抜く。もちろんこの部分も食べられる。もしその日が誰かの誕生日なら、この一番おいしそうな中央部分をあげてもいい。それからおもむろに、残りのドーナツ型になったケーキを自分の好きなだけ切り取るのだ。こうすると、中央部分のとんがりの崩れがないので、ケーキがきれいに取り分けられる。すごい！

日々の詳しいメニューは、次のページに写真と解説つきで紹介しているのでぜひ見ていただきたい。読者のみなさんも食べたくなること間違いない。ジョージのレシピだけで1冊の料理本が作れてしまいそう！

飲むヨーグルトはプレーンタイプやフルーツ入りのものも。シリアルやフルーツにかけて。

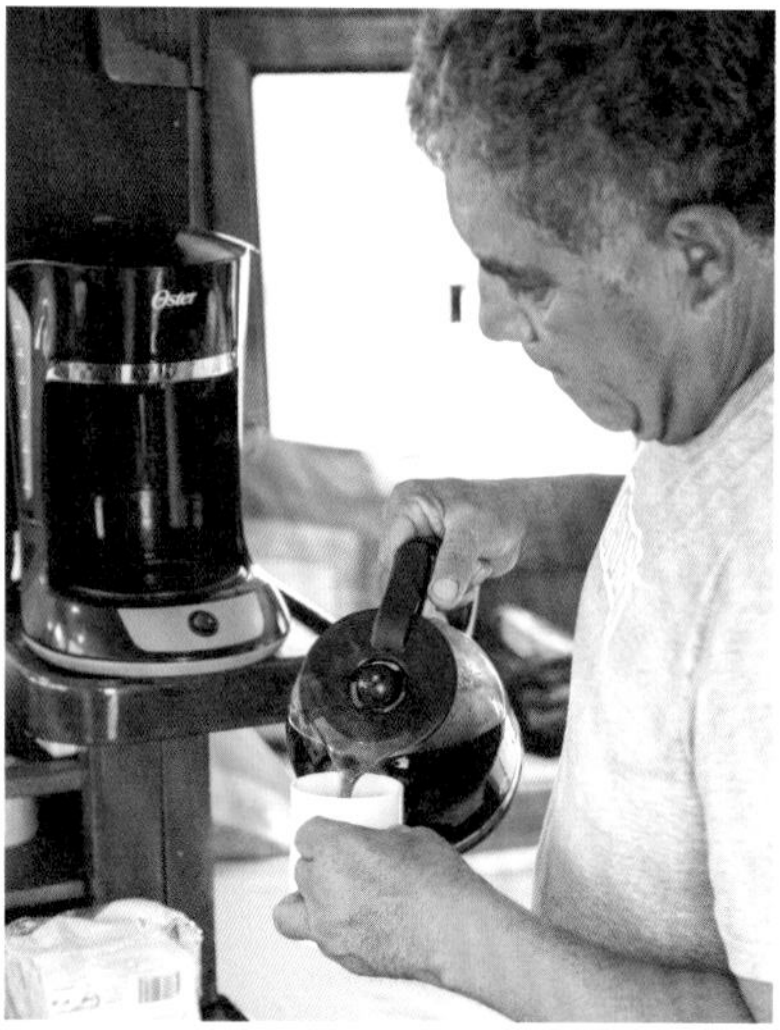

朝起きると、すぐにコーヒーを用意してくれる。食後はもちろん、いつでも好きなだけ、淹れたてのコーヒーが味わえる。

基本のテーブルセッティング。
毎食前に、フリオが用意してくれる。

ジャガイモやチーズの入ったスペイン風オムレツや、スクランブルドエッグ、目玉焼きなどの卵料理が必ず1品。

パパイヤ、メロン、キウイ、イチゴなどの新鮮なフルーツ数種と、フレッシュジュースは日替わり。

カットした野菜やチーズ、オリーブ、ハムなどは、焼き立てのパンにのせたり、そのままサラダに。

3月7日のメニューは、ポークソテー、ジャガイモのマッシュチーズ焼き、オニオンサラダ、アボカド、ブロッコリー炒め、サフランライス。見た目もおいしさも、栄養バランスも考え尽くされている。

野菜スープ
出来立てのスープは、食べる直前に運ばれてくる。

自分で好きなものを好きなだけ取り分けて一皿に盛る、ワンプレートスタイル。3月6日のメイン料理は、タコのガーリック炒めとタコ入り炊き込みごはん。

エビのセヴィーチェ

「セヴィーチェ」とは、魚介をレモン汁と香辛料で和えたマリネ料理のこと。

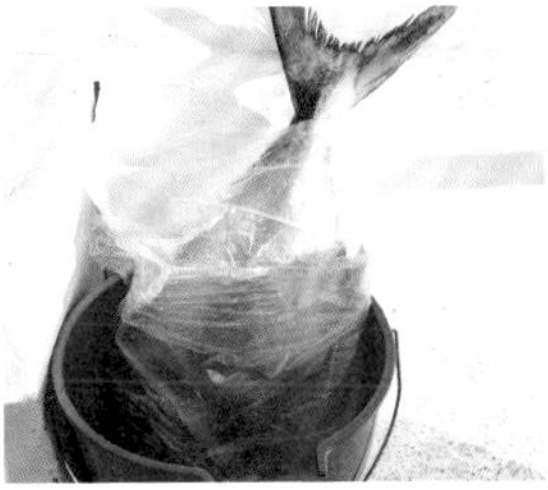

白身魚のカレー

冷凍した魚は、事前に船首の日の当たる場所に置いて自然解凍している。

パタコン

甘くない料理用バナナを輪切りにして潰し、油で揚げたもの。おやつにもおつまみにもピッタリ。

3月6日のメニューは、野菜サラダ、蒸しユカ芋（キャッサバ）、骨つきチキン焼き、炒めライス。

タマリロ（トマトに近縁の果実）のシロップ煮

夕食後はジョージの手の込んだ本格デザート。1日の疲れが吹き飛んだ。

マーベル号船上でPILSENERビールを飲みながら航行中。

3月8日のメニューは、紫キャベツのマリネサラダ、ニンジンのシナモン風サラダ、カリフラワーのフライ、ローストビーフ、味付けライス、チョコレートケーキ。

ジョージのキッチン

右側にコンロが3口、その下にグリルが備え付けられている。中央に流し台、左側はまな板を置くスペース。コンパクトで、作業効率がよい。

2020.03.06
ISLA ISABELA
URBINA BAY

3月6日　イサベラ島　ウルビーナ・ベイ

イサベラ島南部のプンタ・モレーノを後にしたマーベル号は、一夜をかけて北上し、次の寄港地、イサベラ島の中部ウルビーナ・ベイに到着した。ウルビーナ・ベイは、アルセド火山が作り出した山麓に位置し、野生のゾウガメとリクイグアナの繁殖地として知られている。

毎朝6時、真東から昇る朝日を見る。太陽はそのまま垂直に上昇する。正午、ギラギラ眩しい太陽は頭のまっすぐ上、中天に達する。そして夕方6時、太陽は大海原を越えて真西に沈む。視界を遮るものは何もない。夕日を受けて海は黄金色に、空は茜色に染まる。やがて空の茜色は端の方から群青色に溶けこんでいく。太陽が沈むとそれを追いかけるようにして今度は東から大きな丸い月が上がってくる。闇が海を支配しても月の光はますます冴えわたっていく。輝きはそのまま海に投射され、一本の明るい月の道をつくる。月の道の上には数え切れないほどの銀の波が、まるでトビウオの群れのように跳ね上がっては消える。

真東から真西。月も太陽も完全な半円軌道を描く。昼12時間。夜12時間。私は毎日この光景を目の当たりにした。そしてこの風景の真っ只中にいた。緯度ほぼゼロ度のガラパゴスで、春分の日に近い3月を過ごすことができた恩寵である。しかも赤道直下にもかかわらず全く暑くない。むしろ涼しいくらいだ。夜風に吹かれるにはウィンドブレーカーがいる。

ガラパゴス諸島を取り巻く寒流のおかげだ。その風を肴に、ビールを飲む。もし、こんなところで若い男女が過ごせば、たちまち恋におちてしまうだろう。

もちろんそれは物語ならばの話。夜が明けると我々には過酷な現実の探検が待っていた。プンタ・モレーノを後にした私たちのマーベル号は、一夜をかけて、ウルビーナ・ベイに到着した。ここはタツノオトシゴの形をしたイサベラ島の中央、ちょうど胸のあたり、巨大なアルセド火山が作り出した山麓に位置している。アルセド火山は、地質年代的には、前日に探査したプンタ・モレーノの溶岩台地を作ったシエラ・ネグラ火山よりも後になってできたはずだが、シエラ・ネグラ火山はその後も噴火活動を繰り返したのに対し、アルセド火山の噴火は早期に鎮静したようだ。その分、アルセド火山山麓の方が早く風化が進み、植物が定着・繁茂し、土壌が形成されたのだろう。より植物相が濃い。ここにもガラパゴスに複雑に交差する時間軸が見て取れる。（125ページ［ガラパゴス諸島の成り立ち］参照）

接岸は、ゴムボート2艘に分乗したウェット・ランディングだ。私はまたしてもボートから飛び降りるタイミングを見誤って、腰近くまで濡れてしまう。なんとか上陸し、タオルで足元を拭って靴を履き替える。ふと横を見ると砂浜の上に、巨大な白い肋骨が横たわっていた。何らかの理由でこの浜に漂着してしまったクジラの成れの果てだ。どれくらい昔のものだろうか。

私たちは砂丘を越えて、灌木の茂みの中に入っていった。狭い踏み跡がついている。すると道の向こうから巨大なゾウガメがこちらに向かって歩いてきた。その少し後ろにも次のゾウガメが続いている。ゾウガメが近づくにつれ、スー、ハー、という呼吸音が響く。あれだけ大きな身体を動かしているのだ。たいへんな運動量だろう。ゾウガメは私たちの存在に気づくと、一瞬、行進を止めたが、すぐに歩みを再開して接近してくる。むしろ道を譲るのは私の方だ。端に寄って目の前をゾウガメが通り過ぎるのを待つ。どうやら彼らは餌場に集まってきたようだった。近くにマンチニール（毒リンゴの木。唯一、ゾウガメは食べることができる）の茂みがあり、そこには大小合わせて数匹のゾウガメが集合していた。首を精一杯伸ばして、木になっている小さなリンゴをパクリと齧り取る。見渡すとあたりはゾウガメだらけだった。あちらの茂みに数匹。こちらの水たまりにも数匹。

と、突然、2頭のカメが喧嘩をはじめた。お互い首を伸ばして口を開き、相手を威嚇している。餌場争いだろうか。だが、それもいっときのことだった。

これらのゾウガメたちはふだんは高度1000メートルのアルセド火山のカルデラ内外に棲んでいるという。私は、水口博也氏の写真集『ガラパゴス大百科』（TBSブリタニカ）で見た、アルセド火山のカルデラ湖に無数のゾウガメの甲羅が並んでいる幻想的な写真を思い出した。

そんな場所を見てみたいとも思ったが、アルセド火山に登るためには、本格的な登山装備と食糧・水を充分量かついで2泊3日ほどの強行行程を組まなければならない。それは

ゾウガメの甲羅（遺骸）
（イサベラ島　ウルビーナ・ベイ）

到底無理そうなので今回は断念した。
そんな高地からゾウガメたちは餌を求めて何日もかけて下りてくるのだ。ゾウガメが通る経路は、その重みで草がなぎ倒され「カメ道」ができる。灌木や低い茂みの中を突いているので、人間がたどることはできない。そんなカメ道を大きなゾウガメたちが数珠つなぎで下りてくる。餌を十分摂取すると彼ら彼女らはまた山に戻っていくという。一度、食糧を取るとそのあと長い時間、食べずに過ごすことができるのだ。

ゾウガメの甲羅

草むらにゾウガメの甲羅だけが残されていた。遺骸である。この場所で力尽きてからもう何年も経過したのだろう、色はすっかり白っぽくなっていた。私はそれをじっくり観察してみた。カメの骨格がよくわかる。

肉体が入っていた部分はすっかり空洞になっている。とはいえ、カメは甲羅を、甲冑のように脱ぎ着することはできない。甲羅は骨格とそして肉体と一体化しているからだ。基本構造は、私たちと同じで背骨があり肋骨がある。その肋骨が太くなり、幅広くなって、お腹側にも回り、互いにくっつきあい、そして肉体を包んで、閉じてできたのがカメである。肋骨の背中側には鱗が張り付いて、亀甲模様を作った。鱗は皮膚が硬化したものであり、私たちの爪と同じケラチンという硬いタンパク質でできている。

遺骸の亀甲はすでに脆くなってバラバラになりかけていた。1枚1枚は六角形だが、隣同士の六角形は、リアス式海岸のように細かい凹凸で互いにしっかりとつなぎ合わされていることがよくわかった。

私は、亀甲の1枚を記念に持って帰りたかったが、我慢した。ガラパゴス諸島から自然物を持ち出すことは固く禁止されているのである。

ひとつだけカメと私たちの骨格で大きく違うのは肩甲骨の位置だ。私たちの肩甲骨は背中側、肋骨の外側にあって腕の骨とつながっている。カメは肩甲骨が肋骨の内側にあり、そこから腕がでて甲羅の前方へ、私たちとは逆の広がり方（ヒトは／＼型だが、カメは＼／型）で突き出している。

カメはすでに2億年近く前にはこの骨格構造を持ってこの地球上に現れていた。そのことは化石を見るとわかる。硬い甲羅で、多くの外敵から身を守ることができた。卵のときと、孵化したての柔らかな赤ちゃんガメの一時期を乗り切れば、あとは安全だ。実際、ここがラパゴス諸島にゾウガメの天敵はいない。草食性なので、サボテンやリンゴを食べながらゆっくりと成長すればよい。代謝の速度を低下させればその分、長生きができる。長生きができればその分、より大きく成長できる。実際、ゾウガメの最大寿命は200年を超え、体長は1メートル以上、体重は最大で300キロに達する。ゾウガメたちに苦難が降りかかってきたのは、人間がこの島を発見してからのことだった。

＊
＊

〝天然のいかだ〟仮説と選択の自由

ガラパゴス諸島にいる生物たちはいったいどのようにしてここにたどり着き、いかにして、かくも奇妙な生態系へと進化していったのか。これはガラパゴスをめぐる最大の謎と言ってもよい。

ガラパゴスは、絶海の孤島、隔絶された秘境、不思議な生物が跋扈《ばっこ》する別世界、そんなふうに思われている。しかし、それは実は、全然違う。

何か独自の方向に進んで、行き止まりになってしまった袋小路的な技術やトレンドを、よく「ガラパゴス化」などと言うが、それは言葉の使い方が間違っている。ガラパゴスは生命進化の現場であり、今もまさに発展している場所、つまり袋小路どころか、最先端なのである。

そもそもガラパゴス諸島は、その成り立ちからして〝新しい〟のだ。アフリカ大陸やアメリカ大陸はずっと古くから――それこそ何億年も前からそこにあり、さまざまな生物が現れては消え、せめぎ合ったり、助け合ったりして――複雑に絡み合い、多重に複合した生態系を作っている。そしてものすごくたくさんの種類の生物が――それこそ植物から昆虫から魚から両生類から爬虫類から鳥から哺乳類に至るまで――ものすごく豊かな、しかし満員電車にも似た、ぎちぎちのニッチ間のせめぎ合いをしている。

ところが、ガラパゴス諸島ができたのはつい最近のこと――もちろんそれは古い大陸に比べると、ということだが――ほんのちょっと昔のことだった。せいぜい数百万年前のこと。しかも古い大陸とは無関係にできた。太平洋の真ん中の海底火山が爆発して噴石が吹き上がり、それが火山の山頂を盛り上げて、いくつかの島を作ったのだ。できたときは熱々の赤黒い溶岩だらけで、生物が棲むことは到底できず、また、そもそも大陸からずっと離れていたので、大陸の生物が渡ってくることもできなかった。仮に、翼を持つ鳥などが、なんとか飛んでこられたとしても、餌も水も日陰も何もないので、棲み着くことは不可能だった。

つまり、太平洋の真ん中に、生まれたての頃の地球にできた陸地のような場所が、こつ然と出現したわけである。時計の針がゼロになり、ここからゆっくりと、実にゆっくりと、ガラパゴスという新しい生命系が形作られていった。まず、溶岩が冷えて固まるのに何十年、何百年もかかったはずだ。しかもその後もしばしば新しい噴火が繰り返され、また焼け野原に戻った。今でも、ガラパゴス諸島のうち、西の方の新しい島、フェルナンディナ島では活発な火山活動が続いている。2020年も大きな爆発があった。

冷えて固まった溶岩台地の上に、最初にたどり着けたのは風や気流に運ばれてきた小さな植物の種だったろう。でも溶岩台地には水が全然ない。なのでここで芽吹いて、わずかでも成長できる植物は、乾燥につよく、深い根を張らずとも、僅かな雨や空気中の湿気だけで生きていけるサボテンのような肉厚の葉をもつものか、しょっぱい海水にも耐えられるマングローブのようなものだけだった。それでも長い年月を経ると、すこしずつ植物が繁茂していった。植物の葉っぱが——サボテンの棘もうちわも葉っぱの一部である——溶岩の割れ目に落ち、それを分解して養分にする微生物が育ち、うっすらとではあるものの、だんだん土ができてきた。微生物も、もちろん無から現れたのではなく、風に乗ってきたり、鳥が運んできたり、種に付着してきたりしたものだ。微生物の働きは偉大である。

土というのは実は砂粒ではなく、微生物が作り出している有機物の粒子だ。なので土は生きている。微生物は空気に含まれている窒素をアンモニアに変えることができる。アンモニアはアミノ酸の材料で、アミノ酸はタンパク質の材料となる。窒素からアンモニアを作るには、ものすごく複雑な反応とエネルギーを必要とする。地球上の生命でこれができるのは今でも微生物だけである。植物も動物もできない。地球上のすべての生命は微生物の働きにかかっているのだ。これが土を豊かにし、植物の栄養を作った。有機物からなる土壌ができると、そこに雨水が保持され、栄養分もたまる。そうすると、もう少し違う種類の植物、より水を必要とし、根を張るような植物も育つことができるようになる。風で種が運ばれたり、あるいは、たまたま羽を休めにおりてきた鳥が落とした糞に含まれる種が芽吹いたりした。

植物は、水と僅かなミネラルがあれば、あとは、太陽の光と空気中の二酸化炭素を使って、生命活動に必要な有機物に変えることができる。二酸化炭素から作られる有機物とはつまり糖やデンプンや植物繊維のことだ。脂もここから作られる。これで、生命に必要な三大栄養素、タンパク質、糖質、脂質が生成できる基礎がようやく整った。地球の誕生のとき起こったことが、もう一度ガラパゴスでも再現された。

ここで大事なことは、植物も微生物もとても広い心の持ち主であったということだ。彼らは自分たちに必要な分だけ栄養分を作ったり、作ったアンモニアを独占するのではなく、いつも少しだけ多めに活動して、それを他の生命に分け与えてくれた。利己的にならず、他を利することも考える。つまり利他性があった。余裕があるところに利他性が生まれ、利他性が生まれると初めて共生が生まれる。利他性はめぐりめぐってまた自分のところに戻ってくる。

植物や微生物はみんなこのことを知っていた。というよりも利他性は、本来的に生命活動が備えていた特性だった。もともと生命樹の同じ幹から派生した枝なのだから。彼ら彼女らはたくさん有機物を作って惜しげもなくみんなに配ってくれた。

それゆえに、植物が増えてくると、その植物を餌にする生物が棲めるようになった。葉っぱを食べる小さな虫たちが気流に乗って運ばれてきた。鳥たちも花や実を食べることができる。今度は、虫や鳥の活動が、植物の生息域を広げてくれる。花粉や種を運ぶことによって。

こうして生命活動の土台がなんとかできあがった後に、ようやく次の生命体が生存できるチャンスがめぐってきた。

ガラパゴスゾウガメの祖先は、南米大陸に昔から棲んでいたリクガメとされる。ただし、リクガメは、ウミガメと違って泳ぐことはできない。カメと同じ爬虫類のトカゲたちも少しは泳げるが、大陸とガラパゴスのあいだの1000キロの荒波を泳ぎ切ることは到底できない。なので、ガラパゴスのゾウガメやトカゲ、イグアナたちの祖先が、この島に到達することは、自力では不可能だ。もっと天佑に近い、ものすごい偶然の助けがなくてはならない。しかも、たどり着いただけではダメだ。動物が繁殖するためには、すくなくとも1匹のオスと1匹のメスが、つまり、つがいが必要である。なので、1匹だけが、幸運にも、ガラパゴスにたどり着くのではなく、何匹かがほぼ同時にたどり着かないと、この島で増えていくことはできない。

ガラパゴスの研究者たちは、〝天然のいかだ〟仮説を想定している。

それはこんな奇跡がおこったからだ。

祖先のリクガメは、いまのガラパゴスゾウガメほどは大きくなかった。甲羅の大きさはせいぜい30センチほどのリクガメだった。そのようなリクガメは今も南米大陸のあちこちに見ることができる。

大陸に棲むリクガメのメスは、柔らかい土を掘って、そこにいくつかの卵を産みつける。ある大雨と大嵐が吹き荒れた夜のこと。南米大陸の、太平洋を望む海辺に近い土に産んだ卵の穴が、まるごと土砂崩れで壊され、土もろとも海に流されてしまった。その時の嵐はことのほか激しく、近くの木を根こそぎ倒したり、大きな木の枝を葉っぱごと折ったり、植物のつるやら蔦やら、その他、海辺に打ち上げられていた、いろいろなゴミとか乾いた海藻やらを一緒くたにして全部、海に運んでしまった。波と風に揉まれるうちに、海藻やつるが木の枝にからみつき、そこに丸太や枝が巻き込まれ、天然のいかだができた。そのいかだの真ん中に、リクガメの卵がまるでカゴに守られるようにはまっていた。カメの卵は孵るのに2、3か月かかる。殻が割れさえしなければ、中の養分と水分をたよりに赤ちゃんは成長できる。海水が浸入することもない。卵は水に浮く。葉っぱや草がクッションのかわりとなった。

南米大陸の岸辺から、ガラパゴス諸島に向かって、絶えず南赤道海流が流れている。天然のいかだは、壊れないまま、うまくこの海流に乗ることができた。途中、もし天気がよくて、海が穏やかならば、海流は2週間ほどで1000キロの海を渡り、いかだをガラパゴス諸島にまで運ぶことができる。

反対側の太平洋の彼方からはクロムウェル海流がやってくる。ちょうど2つの海流は、ガラパゴス諸島のところでぶつかりあう。なので、天然のいかだは両方の海流に揉まれながらガラパゴス諸島のある島の海岸に打ち上げられた。リクガメの卵のうち、いくつかは途中の海の藻屑になってしまったが、別のいくつかはなんとか無事だった。

とにもかくにも、不可思議な偶然が重なることによって、ゾウガメの祖先となるリクガメが、ガラパゴス諸島にたどり着いた。最初に来たのがどの島だったか、今となってはわからないが、おそらく一番大陸に近いサン・クリストバル（チャタム）島ではなかったか。この島はガラパゴス諸島の中でも一番、成立史が古い。それゆえ、一番、植物がたくさん茂っている。水源もある。リクガメは草食である。葉っぱ、野生の小リンゴ、サボテンの花など何でも食べてゆっくり消化して栄養にできる。幸いなことに、ガラパゴス諸島には、リクガメの天敵がほとんどいなかった。リクガメが一番危ういのは卵のときと、卵から孵ったばかりの赤ちゃんガメのときだ。大陸にはそれを狙う鳥や、土の中から卵を掘り出して食べてしまうキツネやアナグマのような動物がいるが、ガラパゴスにはいなかった。なので、カメの祖先はこの島でゆっくり暮らすことができた。そしてだんだん大きくなり、また近くの島にも広がっていったのだ。

同じような幸運で、トカゲやイグアナの卵もこの島のどこかにたどり着いた。でもみなそれは硬い殻を持ち、乾燥や衝撃につよい爬虫類の卵である。カエルやイモリのような柔らかく乾燥に弱い両生類の卵はいくら天然のいかだに守られたとしても、この長旅には耐えられなかった。だからガラパゴスには今も両生類はいない。また、大型の哺乳動物たちもやってくることができなかった。わずかにいるのは小さなネズミだけだ。いかだの木の洞にでも隠れて漂流を耐え抜いたのだろう。あと、この島に来られた哺乳類はコウモリだけだった。

ゾウガメ、イグアナ、トカゲ、鳥たち、限られた哺乳類であるネズミとコウモリ。こうしてガラパゴス諸島の不思議なメンバーができあがった。彼らは、環境を棲み分けたり、譲り合いながら、長い年月、この島で平和に暮らしていった。イグアナは、食べ物をめぐって仲間うちで争わずに済むように、海に潜って海藻を食べるウミイグアナと、内陸でサボテンの花を食べるリクイグアナに分かれた。つまり限られた資源や食糧を奪い合うのではなく、ただ、空いている環境に移動すればよかったのだ。世界の果ての、不毛の地に見えたこの島は、ここにたどり着いた、わずかな生命の種にとって、限りなく広いニッチを与えてくれていた。こうして、ガラパゴスの生物たちは、この広大なニッチを享受し、互いに、自由に、生存の選択肢を選べることになった。生存競争や自然淘汰の圧にさらされることなく、ただ、好きな場所に移動して、そこで好きな食べ物、好きな行動様式を選べばよかった。するとそこに余裕が生まれる。餌場を確保したり、闘争したり、他者を警戒したり、怯えたり、逃走する必要がない。そこには好奇心すら生まれたかもしれない。余裕とは自発的な利他性のことでもある。もし余剰ができれば、それは独占されたり、所蔵されたりすることなく、別の生物に手渡される。

生命にとって自発的な「選択」が許される広いニッチ環境、つまり、オプトイン（進んで選ぶ）―オプトアウト（敢えて選ばない）が可能となる世界。これこそ生命の自由さの起源だ。ガラパゴスの生態系が奇妙に見えるのは、それが限りなく自由だからである。これは、ランダムな変異と自然淘汰の圧によってだけ進化が説明されるダーウィニズムとはかなり違う状況といわざるをえない。ダーウィンのふるさととされるガラパゴスは、実は、もっともダーウィン的ではなかったのだ。

これについてはさらに別の機会に考察を進めてみたい。

しかし、その選択の自由が、ついには脅かされるときがやってきた。人間がこの島の存在を知ったからである。

＊＊

ゾウガメの集会場所をやり過ごしてさらに奥地へ進む。あたりは、パロサントなどの植物が繁茂する森林になっている。

木陰に大きなリクイグアナを見つけた。リクイグアナは同じ祖先をもつウミイグアナとニッチ（生態学的地位）を分岐させ、陸地側を選んだ。海に入ることはない。尾は長く、断面は円形で、ウミイグアナのように泳ぎには適していない。しかし全体の風貌や顔つきは似ている。人間を恐れないところも同じだ。土を掘り巣穴をつくる。海藻を食べるウミイグアナと同じく草食性で、陸にある植物、サボテンの実や草を食べて生きている。

ダーウィンは『ビーグル号航海記』で、リクイグアナを捕獲し、数個体の胃を開けて、何を食べているか調べた。「そこには植物繊維と各種樹木とくにアカシアの葉がいっぱい詰まっていた。高地のほうでは、かれらはグアヤビタのすっぱくて渋い実を主食にしている」と記している。ダーウィンは果敢にもイグアナを食べてみてもいる。「このリクイグアナを料理すると、偏見のない胃をもっている人にはうってつけの白肉になる」という。

巣穴の前でたたずむリクイグアナのオスとメス
（イサベラ島　ウルビーナ・ベイ）

木陰のリクイグアナは彫像のようにじっとしていた。そしてそのすぐ先には一回り小型のリクイグアナがこれまた頭を上げたままじっとたたずんでいた。オスとメスである。私は彼らをおどかさないように、すこし離れた場所に腰を落とし、これから起きるであろうことを観察することにした。そのまま10分ほどが経過したが、両者は微動だにしなかった。接近する気配もない。まさか私が見ているからではあるまい。あれほど人間を恐れる様子のない彼らが、そのときだけ人の目を恥じらうとは考えられない。さらに15分ほど待ってみたが、彼らは行動を起こそうとはしなかった。私は諦めてその場を離れた。

別の場所では、もっと激しいリクイグアナのショーを見た。大型のオスが、茂み

ヨウガントカゲの交尾のとき
（サンタ・クルス島）

の中をかなりの速度で前進していた。その行く手に目をやるとメスのイグアナがいた。オスはさらに距離を詰め、いきなり全速力で駆け寄っていった。そのとたんメスの方も全速力で逃げ始めた。そのままメスは向こうの茂みに逃げ込み、姿をくらました。イグアナたちにも好き嫌いがあるらしい。

そのかわり、と言ってはなんだが、ヨウガントカゲたちが愛を交わす瞬間には立ち会うことができた。オスがするするとメスに近寄っていった。メスは逃げようとしない。オスはさっとメスの背中に覆いかぶさった。するとメスはくねりと下半身を翻して、オスに〝協力〟したのだ。そして「キッ」と高い声で鳴いた。一瞬の出来事だった。性的合意が成立したのだ。

＊＊

レオン・ドルミード

この旅の最終日のこと。高速ボートは波しぶきを上げながら青い海を進んでいった。右手には、サン・クリストバル島の島影が続いている。この島はガラパゴス諸島の中で一番初めに海底からせり出し、その後のプレート運動によって一番東に押し出された島だ。つまりガラパゴス諸島の中で一番歴史が古い。約５００万〜６００万年前にはもう島はできていた。なので、ガラパゴス諸島の中で一番生物相が濃い。かつて火山として鋭いかたちだったはずの山は、すっかり丸い丘陵となって深い緑に覆われている。かつては溶岩流が作り出した荒々しい崖だったはずの海岸線は、今では穏やかな波がうちよせる白い砂浜となっている。

突然、右手の海上に、つまり島とは反対側の洋上に、奇怪な巨岩が見えてきた。ストーンヘンジを海に突き立てたみたいだ。

「あれがキッカー・ロックです。スペイン名は『レオン・ドルミード』」〝まどろむ獅子〟の岩、という意味である。ミッチさんが教えてくれた。

私たちの船は速度を上げて、レオン・ドルミードに接近していった。距離が狭まるにつれ、レオン・ドルミードがとてつもない巨岩だということがわかった。褐色の巨岩は、２つに裂けて、海からまっすぐ空に向かって立ち上がっている。ほぼ垂直に海に落ちる岩肌には荒々しい波が絶えずぶつかり、白い泡を立ち上げていた。

とても人が取り付ける余地はない。木や植物さえ生えていない。近づくものすべてを拒絶する裸の巨岩だ。岩の先は、尖っていて高さは50メートルほどはあるだろうか。グンカンドリだけが悠々と上空を旋回していた。

あたりの海は深い。つまり、レオン・ドルミードは、かつての海底火山の山頂の岩稜が、わずかに海面に頭を突き出しているということになる。それはこの岩の下が、何百メートル、何千メートルも先の、海の奈落に切れ込んでいる、ということを意味する。想像するだけで怖い。

「これ以上、船は近づけません。岩に叩きつけられたら難破してしまいますからね。さて、ここで泳ぎます。あの岩と岩のあいだの海峡を渡ってみましょう」

「ええっ！」

岩と岩のあいだは狭い海の回廊となっており、こちらから向こうに抜けている。絶えず波がぶつかり、もちろん船は入れない。なので、私たちはシュノーケルとフィンをつけ、回廊のあいだを泳ぎ切って、向こうの出口の外で、船に拾ってもらう、そういう行程だった。

私は怖気づいた。自慢ではないが、私は運動オンチ。完全なかなづちではないが、25メートルプールを泳ぐのがやっとなのだ。こんな荒波の中を泳ぐなんて到底無理だ。

しかし同時に私にはわかっていた。その深い海の回廊にこそ、ガラパゴスのすばらしい光景が広がっていることを。そもそも、私はそれを見るために、はるばるここへ来たのではなかったか。

「福岡さん、どうしますか。もちろん無理をなさらなくてもいいですよ」ミッチさんは言ってく

レオン・ドルミード。この岩と岩のあいだを泳いだ。
（サン・クリストバル島）

れた。

安全を期して私は船で待ち、フォトグラファーにだけ撮影に行ってもらうことは可能だったろう。でも、あたかも見てきたかのように写真だけ載せて、それ風の文章を書き加えるだけだとしたら、私はこのあと一生、後悔するだろう。ああ、作家なら、あのときちゃんと自分の目で見ておけばよかったと。あの海の感触を直に体験しておくべきだったと。

意を決して立ち上がった。

「行きます」

水着に着替え、フィンをつけ（といっても、私はフィンの使い方すらちゃんと知らなかった）、固いゴーグルのバンドを頭に巻き、シュノーケルのマウスピースを噛んだ。

一応、インストラクターが先導してくれる。

彼は掛け声をかけた。

「レッツゴー」

レオン・ドルミード付近の海中で泳ぐ魚
（サン・クリストバル島）

私は海に飛び込んだ（というか、ほぼ身投げ状態で海面に落ちた）。水は思った以上に冷たく、たちまち高い波に飲み込まれた。必死に、手足をかいて海面に頭を出し、インストラクターの姿を探した。彼は数メートル先を泳いでいた。指で、岩の方を指差した。あちらに泳いでいくというサインだ。海面から見上げる岩は、さらに巨大で、圧倒的な質量をもって、私の頭上に覆いかぶさっていた。

岩と岩のあいだの海の回廊は深い青だった。幅は10メートル、いや20メートルはあっただろうか。奥行きは50メートルほど。いやもっとあるかもしれない。海面から顔を出すだけでいると、距離の感覚が全くつかめなくなっていた。巨大な迷路にほうりこまれたアリはきっとこんな気分になるだろう。

両側の入り口から高い波が絶えず押し寄せ、回廊の中央でぶつかり、両側の岸壁に跳ね返って波しぶきを上げていた。私は木の葉のように左右に揺られた。とにかくここを泳ぎきるしかない。

回廊の内側に入るとさらに水温が下がった気がした。太陽の陰になっているからかもしれない。インストラクターが下を見ろ、と指でサインを出した。ゴーグルのガラスを通して水の中を覗き込んだ。驚くべき光景が広がっていた。

岩壁が、海の真下に向かって落ち込んでいた。水は透明でずっと遠くまでが見通せた。それでも果ては見えないほど深い。何百何千という色とりどりの魚が、それぞれ群れを作って回遊していた。あちらには黄色くて丸い魚が、こちらには青くて細い魚が、向こうの方にはオレンジ色のきらきらした魚が泳いでいた。それよりも深い層を、大きな大きなエイがゆっくりと泳いできた。畳二帖ほどもある黒くてなめらかなエイの背には、きれいな白い水玉が散らばっていた。見とれていると、細い尾の軌跡を残して、視界の向こうに悠然と消えていった。すると今度は、右手の方から甲羅に金色の星模様を背負ったウミガメが横切ってきた。ときどき岩肌をはんで、海藻を食べている様子だ。すべての生物が全く自由自在に振る舞っていた。楽園とはまさにこのことだ。人間の存在とは無関係に生命はそれぞれの全き生を生きている。

その頃には、水も冷たく感じなくなっていた。不思議なことに最初にあった恐怖感もなくなっていた。私もまた海の生命体の一部になったような気持ちで、波の動きに自然と身体を任せられるようになった。ちょうど赤道の太陽が岩の割れ目の真上にやってきて、光線が何本もの光の矢となって、深い海のずっと底まで突き刺さっていた。波に反射された光は、波のレンズの作用によって網目状に広がり、絶え間なく揺れ動く、明るい蜘蛛の巣を水の中に張りめぐらせていた。私はなんだかそのまま溶けていきそうになり、気が遠くなりそうになった。我に返ってもう一度水を蹴ると、海の回廊の出口の側に出ていた。私はぶっと強い息を吐いて、シュノーケルの水を追い出した。インストラクターが迎えの船の方向を指差してくれた。なんとか無事に泳ぎ切ったのだった。こんなに豊かな海を見たことはなかった。ほんとうの自然。ピュシスとしての自然。

船に戻るとさすがに泳ぎ疲れて、身体が重くなっていることに気づいた。しかし、それは温かく心地よい疲労だった。私は船が揺れるのに任せて、身体の芯からじんわりと広がってくる快感に身体を委ねた。

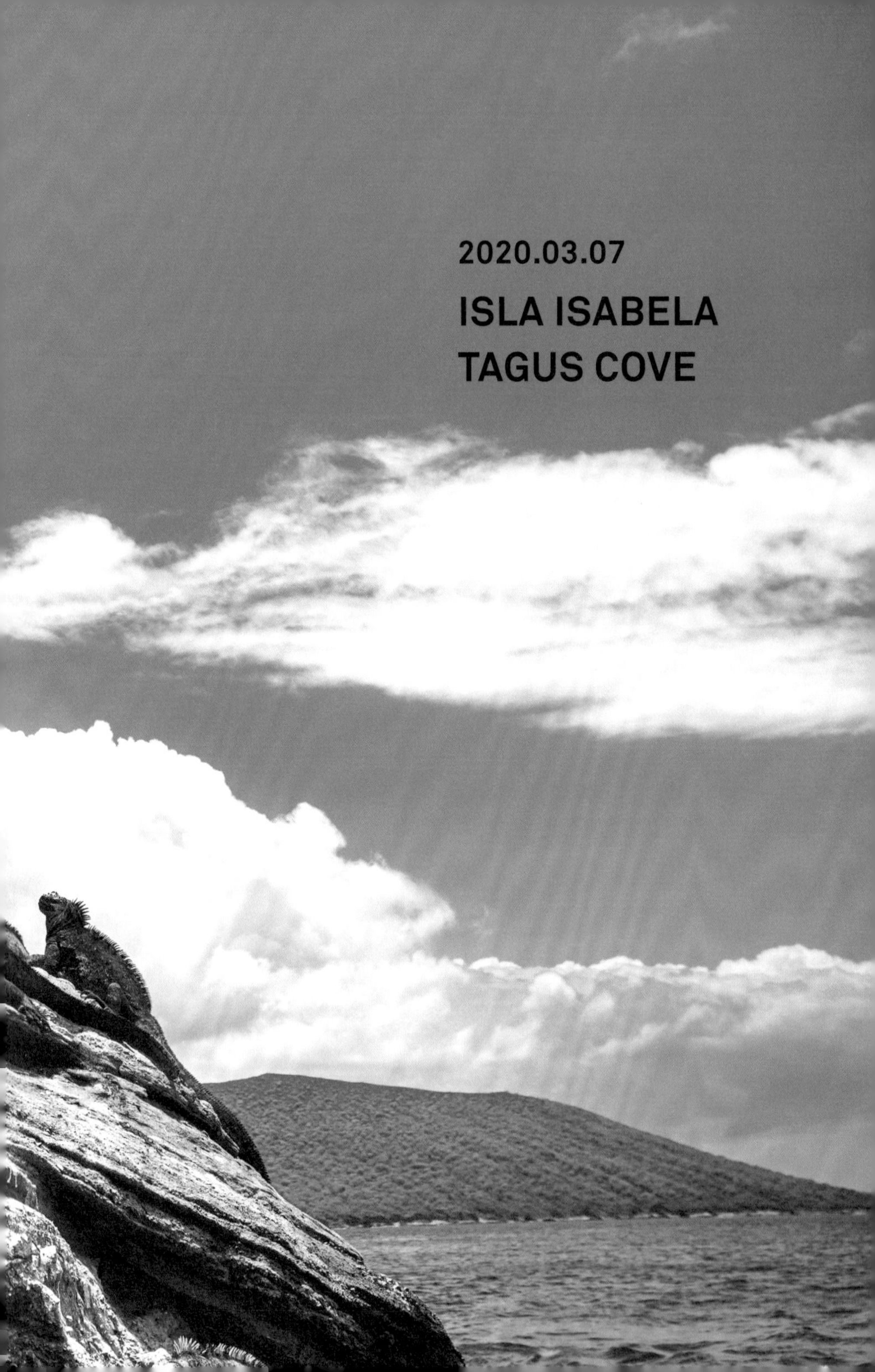

2020.03.07

ISLA ISABELA
TAGUS COVE

3月7日　ボリバル海峡　イサベラ島　タグス・コーブ

マーベル号は、イサベラ島中部のウルビーナ・ベイを後にし、さらに北へ進む。イサベラ島とフェルナンディナ島とのあいだのボリバル海峡を通り抜け、次の寄港地、同じくイサベラ島タグス・コーブへ向かう。

ガラパゴス諸島最大の島イサベラ島をタツノオトシゴに見立てると、ちょうど竜がその胸に宝玉のように抱いているのが、フェルナンディナ島である。ガラパゴス諸島の時間軸の中では、もっとも新しく生成された島で、今も火山が高く噴煙を吹き上げている。イサベラ島の側にも高い火山が連なり、海岸沿いは切り立った溶岩の壁が連なる。そのイサベラ島とフェルナンディナ島とのあいだに狭い海の回廊がある。それがボリバル海峡だ。南緯0・3度。ここを通り抜けるとき、両側に迫る荒涼たる光景は、壮大なガラパゴスの中でも最高のスペクタクルではないだろうか。1835年9月29日、ビーグル号に乗ったチャールズ・ダーウィンも目を見張ったに違いない。ちなみに9月29日は私の誕生日でもある。

『ビーグル号航海記』にはこんなふうに記述がある。

九月二九日——われわれは、アルベマール島（イサベラ島）の南西端を回航した。

次の日は、その島とナーボロー島（フェルナンディナ島）のあいだがとても凪いだ。両島とも黒くてあらわな溶岩に覆いつくされていた。沸騰した壺から噴きでる瀝青のように大火口のふちからあふれでたか、それとも山腹の小さな開口部から噴きだしたのか。いずれにしても溶岩が流れ落ちるときに、何マイルにもわたって海浜の上にひろがったと思われる。どちらの島でも、噴火があったことがわかっている。アルベマール島では、ある大火口の頂上からかすかに煙が出ているのを目撃した。夕方に、アルベマール島のバンクス入江に錨を降ろした。

それから185年を経た今、私もまた同じ光景を目の当たりにしている。マーベル号はゆっくりボリバル海峡に入っていった。ここより南のウルビーナ・ベイから夜間航行し、その闇が明けようとしていた。あたりはまだぼんやりとした早朝の光に包まれていた。ボリバル海峡の両岸からは、それぞれの島影が、暗い巨人のように立ちふさがっていた。

マーベル号はすこし回りこんで、イサベラ島の側に近づいていった。そこに今日の停泊地があるのだった。タグス・コーブという名のついたその小さな湾は、秘密の入り江のような場所だった。ボリバル海峡の内側の、さらに奥まったところにあるためか、海面は鏡を張ったように静かだった。エクアドルが領有を宣言する以前は、海賊船や捕鯨船の停泊地になっていたという。確かに格好の隠れ港だ。

ふと湾の向こう側を見ると、そこに先客がいた。小型のクルーザーヨットで、高いマストが2本すっと立っていた。スタイリッシュな船のシルエットと船窓の小さな明かりだけが見えた。どんな目的の船なのだろう。向こうの船も、私たちマーベル号の到来を訝しんでいるかもしれない。なんだか、海賊船同士が偶然、鉢合わせしたような、そんな気分になった。

ジョージが食事の準備をしているあいだ、私は甲板を回って、水面を見下ろしてみた。まだ外は暗い。静かな水が、湖の表面のように広がり、波ひとつ立っていない。私は、手に持っていた懐中電灯のライトを水面に向けてみた。その瞬間、細い針のような光が何本も通り過ぎた。別の場所にライトを向けると、また光の矢が通り過ぎる。最初は、発光魚のようなものにも思えたが、暗闇では何も見えない。懐中電灯のライトをあてたときだけ、目か鱗が反射して輝くようだ。しかも光を避けるようにして逃げる。それにしても、無数の小さな魚があたりを群舞しているのだ。

ガラパゴス諸島の海域は実に豊かな海産資源を育んでいる。寒流が流れ込んでいるというのになぜ？　と、私は最初思った。しかし、それは寒流が流れ込んできているからこそ豊かな海となっているのだった。つまりこういうことだ。太平洋側からガラパゴス諸島に向かってくるクロムウェル寒流は、冷たいがゆえ、海の深い部分を流れてくる。それがガラパゴス諸島の底にある海盆（海底の凹所）にぶつかったとき、上層部にせり上がってくる。このとき同時に、海の底に沈んでいた大量の有機物や塩類を表層に持ち上げてくれるのだ。これらは表層部に生息するプランクトンや海藻の重要な栄養素になる。プランクトンや海藻は魚介類や海洋生物の食糧となる。魚介類は、鳥、アシカ、オットセイたちの格好のごちそうとなる。私たちが、プンタ・モレーノに到着したとき、コバネウが大ダコとの格闘技を披露してくれたことは先に書いたとおりだ。こうして、ガラパゴスでは、火山の溶岩で覆われた陸上こそ、生態系としてはまだ発展途上にあるものの、海の側ではすでに十分な生物の生存圏が確立されているのだ。

今回の旅に際して、私は、一応、釣具一式（と昆虫採集道具一式）を携行してきた。ひょっとしたら何らかのフィールド調査の機会があるかもしれないと思ったからだ。そして実際、もしこんな海域で仕掛けを投げれば、それこそ大物が、いれぐい状態で釣り上げられただろう。実際、ダーウィンはガラパゴス海域で、なんと15種もの新種の海水魚を採集している。しかし、残念ながら私にはその機会はなかった。この旅にはガラパゴス国立公園局のネイチャー・ガイド兼監視員のチャピさんが同行しており、動植物の採集や持ち出しは一切禁止されているのだ。これを破るとたいへんなことになることは別項に書いた（77ページ）。

島から島に移動する際には、靴底についた砂まで丁寧に払い落とさねばならない。人間の移動による生態系の撹乱を防ぐためである。しかし、このように人間の不用意な侵入からガラパゴスの自然を保全する意識が高まってきたのはごく最近のことなのだ。ダーウィンの頃は何でもやり放題、捕り放題で、彼は大量の標本や剥製を英国に持ち帰ったのだから。

夜が明けてきた。朝ごはんの前に、私たちはタグス・コーブから上陸して島を探検調査することにした。

「タグス」というのは、1814年、ここを訪れた英国船タグス号に由来する。だから、同じ英国から来たダーウィンも当然そのことを知っていたはずである。確かに、ビーグル号が錨を降ろした〝バンクス入江〟というのは、この近くのようだ。このあたりは船の停泊に適した入り江であるといえる。

ここは古くからの上陸ポイントであるがゆえに、岸の岩場に小さいながら木製の桟橋がつけられていた。おかげで私たちはゴムボートを寄せて、ドライ・ランディング（水に浸からずに上陸）することができた。驚いたことに、上陸地点の岩の壁にはたくさんの落書きがしてあった。船の名前や年代が多い。ほんとうかどうかわからないが1800年代のものまで残っていた。海賊たち、入植者、それからまだ規制が十分でなかった頃にやってきた人たちが無造作に書きつけたものらしい。地球の生態系は人間の生存にとってなくてはならないものだが、地球の生態系にとっては人間はなくても別になんの痛痒もない。むしろ最後にやってきた傍若無人な外来種なのだ。人間が、いない方が世界は平和だった。

桟橋のまわりの海にはたくさんのペンギンたちが泳ぎ回っていた。ガラパゴスペンギンだ。腹は白く、背は黒い。目の周りはピンク色で、とても小さく愛らしい。体長は50センチほど。岩場から足をそろえてひょいと水に飛び込み楽しそうに泳ぎ回っている。南極にいるはずのペンギンがこんな赤道直下にいることが不思議だが、彼らもいつの頃か、ガラパゴスに漂着し、ここに格好の棲処を見つけたのだ。

上陸するとたんに上り坂となる。崖には火山灰の堆積が作り出した縞模様の地層が見て取れる。あたりはパロサントを中心とした低木林だ。坂道をさらに上ると稜線に出た。その向こう側にはカルデラ湖があった。摩周湖みたいに青い水をたたえている。眼下遠方にはタグス・コーブの湾が見え、私たちのマーベル号も小さく見える。海面からはかなり高度があり、このカルデラ湖に溜まっている水は、海水が浸潤したものではなく、雨水が溜まったものかもしれない。ならば貴重な淡水湖だ。しかしカルデラへの崖は急峻すぎて近づくことはできない。

ふと気がつくと、まわりの木の枝を小鳥たちが行き来している。フィンチのようだ。この場所ではいまのところゾウガメには遭遇していない。ウルビーナ・ベイにはあれほどたくさんいたというのに。ゾウガメたちは火山ごとに異なるコロニーと行動範囲を形成しているようだ。

さらに上っていくと、向こうの方に岩峰が見えた。槍ヶ岳の槍の穂みたいな感じだ。あそこまで行くのかとチャピさんに問うとそうだという。

岩峰の頂上に立つと360度の高度感あふれる眺望がまっていた。私は水筒から水を飲んでからパノラマをみまわした。視界を遮るものはなにもない。四方にガラパゴスが広がっていた。北側は荒々しい溶岩台地、その向こうにはガラパゴス諸島最高峰のウォルフ火山がそびえ立っている。標高1708メートル。東側は薄いスカレシアの森林が広がりなだらかな勾配で大きなダーウィン火山の山塊に連なる。西と南は今、上ってきた山道とその先はタグス・コーブにつながっているはずだが、ここからは海は見えない。溶岩流。その上に生育した植物相。それをなぎ倒した新しい溶岩流。まるで違う色の絨毯を張り合わせたように、くっきりと地表面の生成過程が見て取れる。

私たちはマーベル号に戻り、朝食をとった。今日は、パンケーキ(メープルシロップをかけた)、カリカリに焼いたベーコン、スクランブルドエッグ、チーズ、トマト、フルーツ盛り合わせ、コーヒー。よくぞこんなにもカラフルなメニューを準備してくれていたものだと心から感謝する。ジョージ、ありがとう。

このあと、再びゴムボートで、湾内の岩場、洞窟などを観察しに出かけた。至るところに、ペンギン、コバネウ、カツオドリ、アシカ、ウミイグアナたちがいた。まさに生命を謳歌していた。生き物たちの余裕を感じた。彼らは互いに食う・食われる関係にはなく、大型の肉食動物がいないこの島では何かに襲われる心配もない。食糧は海の幸が豊富にあり、棲処のニッチも広い。争う必要がほとんどないのだ。もちろん、ノスリやフクロウなどの肉食の鳥はいるが、彼らの餌はもっと小さい生物に限られる。

ボリバル海峡を抜けると、そこには、目には見えないけれどくっきりとした線がある。赤道だ。

マーベル号がイサベラ島とフェルナンディナ島とのあいだのボリバル海峡を抜け、南半球から北半球へと赤道を通過しようとするときのことだった。

私はマーベル号の先端の荷物置きに腰掛けて行方を眺めた。片手にはPILSENERビールの瓶。この船旅で私は何本このビールを空けただろう。私は、強い海風に吹かれる

グンカンドリと航行中
（イサベラ島北部の海上）

まま身を任せていた。映画「タイタニック」の主人公気取りだが、むろん傍らに恋人はいない。右手にはイサベラ島のダーウィン火山の大きな山塊がなだらかに広がり、山肌には何本もの溶岩流の跡が縦筋となって流れている。麓の部分は森林に覆われ、海岸部は溶岩の褐色の岩場がずっと続いている。左手は活火山を有する無人島フェルナンディナ島だ。最近も噴火を繰り返しているラ・クンブレ火山が優美な裾野を作って立ち上がっており、山頂部は噴煙と雲が混じり合って今は見えない。そのあいだに広がる海峡の果てには太平洋の水平線が横たわっているだけ。日は徐々に傾き、このあと壮大な夕焼けを作り出す予感がある。空は全天に薄く青く広がっている。このあたりは航空機の航路もなく、ジェット機の騒音が海鳴りを乱す心配もない。

　私は頭を傾けて、ずっと空を見上げていった。真上の後ろ側は操舵室。その上には高い通信用アンテナが立っている。そこに、ジェット機の代わりに、突然、ふわりと黒い影が現れた。尖ったくちばし、長くてスタイリッシュな翼、たなびく細い尾。1羽のグンカンドリだった。広げた翼長はゆうに2メートルはあるだろうか。まるで白亜紀にいたプテラノドンみたいな雄姿だ。彼（彼女かもしれないが）は、まったく羽ばたいていない。風をたくみに掴んで、ただ滑空しているのだ。しかも船のすぐ上を、船と全く同じ速度を保って飛んでいる。だから私から見上げると、グンカンドリはまるで船の一部であるかのように、ぴたりと空に貼り付いて見える。ほんのわずかだけ前後することはあるが、ほぼ完全に船と並走している。どうしてこんなに上手に飛べるのだろう。そしてなぜ私と一緒にいてくれるのだろう。彼は確かに、下から見上げている私を意識している。しばしば小刻みに頭部を動かし私の方を見る。私が手をふると反応する。呼びかけると（声を返してはくれないが）それが確かに聞こえているふうにくちばしを動かす。

　なんだか私はとても朗らかな気分になった。旅は道連れ。グンカンドリは、小さな船に乗った私が、赤道を通過する、この記念すべき瞬間を知って、それに付き合ってくれているのだ。この一瞬をともに祝《ほ》いでくれているのだ。そう思うと、心から楽しい気分になった。これがガラパゴスなのだ。しばらくのあいだ、私たちは親密な空気を共有しながら、一緒に海路を進んでいった。

秒読みが始まった。あと1分でマーベル号は赤道を通過する。船はいつの間にか海峡を抜け、広い海に出てきている。フェルナンディナ島はすでに後方に遠ざかり、右手には、タツノオトシゴの形に似たイサベラ島の先端部分が見えるだけだ。南緯0・02、0・01、0・00！ 私は赤道を通過した。やったー、乾杯。私はビールを飲み干した。

とはいえ、そこには海原がどこまでも広がっているだけだった。太陽はすでに傾き、西の空を茜色に染める準備をしていた。グンカンドリは、私たちの船が無事、赤道を通過するのを見届けることが務めだったかのように、ふと翼を斜めに傾けると、ゆっくりと右に旋回し、徐々に船から離れ始めた。やがて鳥の黒い姿は島影と重なり、いつしか見えなくなっていった。私は、グンカンドリの〝好意〟を確かに、もっとも身近に感じた。私は見えない姿を追いながらそっと言葉のない感謝の祈りを捧げた。

＊＊

働き者フリオ

我がマーベル号の旅は、頼もしいクルーたちに恵まれたおかげで成功裏に終わったといってもよい。別項でも紹介したとおり、綿密で冷静沈着な操船によって、今回の船旅をいかなる遅延も、トラブルもなく完遂してくれたヴィコ船長、接岸・上陸に際して巧みなゴムボート操作によって私たちを安全に島へ届けてくれたグァーポ副船長、そして日々、すばらしい食事を供してくれたジョージシェフ。みんなに心からの感謝と敬意を捧げたい。

しかし、旅行日記中、あまり触れることのなかった、もうひとりのクルー、フリオについても是非、書き記しておきたい。フリオは小柄で、寡黙な青年だった。私たちを含め、乗員の中では一番若かったのではないだろうか。彼の役割は、操船の助手兼よろず雑用係だったが、見えないところで実によく働いてくれていた。

日中、私たちは島に上陸し探検調査や取材をしている。その間、フリオはマーベル号のメンテナンスに大忙しだったはずだ。ポリタンクに入った水を船の給水タンクに移したり、エンジンに燃料を補充したり、ジョージを手伝って、食材の解凍などをしていた。それから、共用場所やトイレの掃除。

食材といえば、ジョージはこの5泊の船旅の三食三食の食材を完璧に用意していた。人数分、過不足なく（それもまた、ちょっと物足りない人はおかわりできる程度に）、毎食ごとの違う料理の材料を買い揃え、船の要所要所（冷凍庫、冷蔵庫、椅子の下にも物入れがあった）に積み込んでおくというロジは並大抵のことではない。調味料や調理器具だって必要だ。それに私が毎日飲むビールだって……。

夕方、私たちが疲れてマーベル号に戻ると、まず、ジョージが作ってくれたおやつを、フリオがお皿に載せて配ってくれた。それは、エンパナーダ（ひとくち揚げ餃子）だったり、ポテトフライだったり、パタコン（揚げたバナナ）だったりした。これがおいしくてたちまち元気が出た。

そして部屋に戻ると、ちゃんと毎日、ベッドメイキングがしてあるのだ。きちんと畳んだシーツの上に、これまたきちんと畳んだタオルが置いてあった。これもフリオの仕事のはずだったが、不思議なのは、いったいいつの間に、しかもどうやってこんなことができたのだろう、ということだ。

船の真水は限られている。一日の終わりに、ちょろちょろしか出ない冷水でなんとか身体を洗うのがやっとだ（普段、ふんだんに温水シャワーを使い放題の都会人にとって、最初、これはたいへんな苦行だった。が、慣れというのは偉大だ。2日目くらいからは、水も冷たく感じなくなり、また洗い方も格段に上達してしまうのだ。これはポンプ式のトイレも、紙が流せなくても、どんなに狭いベッドでも、なければないなりにやっていけてしまうものなのだ。そしてそれは、ちょっと大げさだが、自分自身の生命を実感することでもあるのだ。サバイバル体験は貴重なのである）。

さて、そんな貴重な水だから、シーツやバスタオルを洗ったりするほどはないはずだった。アイロンだって目にしたことはない。客の人数分の予備シーツやタオルがどこかに積み込んであったのだろうか。それとも特殊な洗濯方法があるのだろうか。

一度、土砂降りに見舞われたとき、フリオが濡れたみんなのTシャツなどを集めて、バケツにいれ、わずかな水で巧みに洗濯し、それをエンジンルームに干してくれたことがあった。戻ってきたTシャツはまるで、ユニクロの棚から取り出したばかりのようにきれいにふわりと畳まれていた。

フリオは、他の陽気な南米人乗員に比べて、まだずっと若いということもあるのか、シャイで無口だった。どことなく孤独な陰さえあった。

あとで、ミッチさんが教えてくれた。「彼は、サラサカの子孫なんです。サラサカというのは、南米アンデス高地のインディオの民です。かつて、ガラパゴスに移住してきた移民集団の一団なんです」

そんなことがあったのだ。日本でもそうだ。明治期、北海道にやってきた開拓民、昭和初期、ブラジルに移住した移民団、みんな貧しさから脱出せんと、夢と希望を持って、新天地にやってきた。そして、現実の厳しさと、自然の過酷さの前にたじろぐことになる。夢破れて去った人がいる一方、その場所で生活を切り開いた人たちもいる。

フリオはどんな思いで、ガラパゴスの生活を送っているのだろう。

水も資源もインフラもITもほとんどないガラパゴス。でも、一方で、ここには一年中温暖な気候と、豊かな海と、自在な自然と、平穏な暮らしがある。

平穏で思い出したことがある。旅の終わりに到着したサン・クリストバル島で、最後の夜を過ごしたとき、港を散歩した。このあたりはすっかり観光地化され、レストランや土産物屋がならんでいる。桟橋のあちこちには、アシカたちが我が者顔で寝そべっている。

そんななか、ちょっとした野外舞台では、地元の人々が集ってダンスをしていた。広場では、バレーボールに興じている一団がいた。ガラパゴスのことは何でも知っているミッチさんが教えてくれた。

「あれは警察の人たちです。ガラパゴスにも、エクアドル政府の警察署があるのですが、事件がほとんどないんです。泥棒もいないし、鍵もかけません。最後にあった騒動は数年前の夫婦喧嘩だけです。なので警察官は夕方になると、みんなバレーボールをはじめちゃうんです」

ミッチさんは、ガラパゴスの友人から、港を見渡せるピザパイ屋の2階の物件が空いたから、日本料理店を出せと勧められているそうだ。

マーベル号では、客人と乗務員は完全に区別されていた。私たち日本人取材班は、みんな船倉に個室をあてがってもらえた。狭いとはいえ、まがりなりにもプライバシーがあり、ひとりで眠れるということがどんなに幸せなことか。

一方、船長、副船長、料理人ジョージ、フリオ、そしてミッチさんは、みんな操舵室に続く共有部屋で寝泊まりしていた。そこはほぼ通路というかオープンスペースといってもよい狭い空間で、両側に蚕だな式二段ベッドが設えてあるだけだった。

私たちが階下で、惰眠を貪っているあいだ、彼らは昼夜交代で船を動かし、ありとあらゆる仕事をこなしてくれていたのだ。

食事の席にも不文律があった。チェックのテーブルクロスを敷いたダイニング（このクロスも毎日取り替えてあった。フリオの仕事のはずである）を囲むのは、私たち日本人取材班と船長のヴィコ、ガイドのチャピ、通訳のミッチさん。あとのクルー（料理人のジョージと副船長のグァーポ、フリオ）は、いつも私たちとは離れて、狭いキッチンで立ったまま、手早く食事を済ませていた。

そのかわり、食事の片付けが終わると、エクアドル人チームは、船尾のデッキに思い思いに腰掛けて、ガラパゴスの夜の海風に吹かれて、長い時間、会話を交わしていた。スパニッシュなので、もちろん私には内容はわからない。それでも実に楽しげな雰囲気だけは伝わってきた。夜空は毎日満天の星だ。

＊　＊

3月7日、17時すぎ、赤道通過をみんなでお祝いしたあと、私はまた壮大な夕焼けを見た。イサベラ島の頭から先、太平洋にはもう島はない。ただただ水平線がどこまでも広がっているだけだ。いや、(北を時計の12時とすると)11時くらいの方向にかすかに何かが見える。船だろうか。違う。あれは、ロカ・レドンダという岩礁だ。周囲は深い海に切れ込み、格好のダイビングスポットになっているという。

どんどん太陽が沈んでいく。これを見ていると、地球がどれくらいの速度で回っているのか実感できる。あっという間に、太陽は半分が水平線の向こう側に隠れていく。これだけ障害物が何もなく、空気も澄んでいれば、ひょっとするとグリーンフラッシュが見えるかもしれない。私は秘かに期待した。グリーンフラッシュというのは、太陽が沈む最後の瞬間、緑の閃光を放つ稀な現象のことだ。太陽光線の成分のうち、夕日の赤色の隣にある緑色の波長の光が大気のプリズム作用で分離されることによって生じる。赤と緑は、正反対の色のように見えて実は極めて似た色なのである。波長の違いはわずかにしかない。だからある種の色覚異常の人はこれが区別しにくい。血の赤と葉っぱの緑も親《ちか》しい色である。赤血球に含まれる赤色色素ヘムと、葉緑体の緑色色素クロロフィルは、複雑な化学構造をしているが、その骨格はそっくりである。ただ、中心に含まれる金属が、鉄イオンかマグネシウムイオンかの違いだけである。

そんなことを考えているあいだにも、太陽はぐんぐん沈んで、あとはほんの一滴のしずくを残すまでとなった。私は祈るような気持ちで最後の光を見つめた。残念ながら光は緑に変わることなく、そのままふっと空と海のあいだに消えた。グリーンフラッシュを見ると幸福になれるというのだが……。

前日のウルビーナ・ベイで、チャピさんの許可をとり採取した海岸の砂を顕微鏡で観察してみた。丸くなった長石や玄武岩の粒、貝殻の破片、その他、私の知識では名前がわからない鉱物たちが、きらきらと輝いていた。火山から噴き上げられ、何十万年もかかって砕かれ、削られ、打ち上げられたガラパゴスの砂粒たち。フォトグラファーの阿部さんに撮影してもらってから、チャピさん立ち会いのもと、砂を海に戻した。彼らはまたこれから何万年もかかってどこかの砂浜にたどり着くのだろうか。

マーベル号は一晩かけて、イサベラ島の北端を回って、サンティアゴ島へ向かう。距離はおよそ150キロ。船は、ヴィコ船長、グァーポ副船長、助手フリオが交代で操縦してくれている。私たちは休ませてもらうことにする。マーベル号は知らないうちにもう一度赤道を、今度は北から南へと通過し、私たちは南半球に戻る。夜更けの空には満月に近い月が輝き、その月の明かりにも負けずに、オリオン座と北斗七星が光っていた。

2020.03.08
ISLA SANTIAGO

3月8日　サンティアゴ島

赤道を越えたマーベル号は、タツノオトシゴ形をしたイサベラ島のちょうど頭の部分を右に旋回するようにして、次の寄港地、サンティアゴ島を目指した。ダーウィンが乗ったビーグル号とほぼ同じ航路をたどることになる。

ダーウィンは、ビーグル号がサンティアゴ（ジェームズ）島に寄港すると、この島に降り立ちしばらくテントで陸上生活をした。彼は、この航海中、ずっと船酔いに苛まれ、体調も優れないことが多かった。だから少しでも陸地があればそこに逗留したいと思ったようだ。このあいだ、ビーグル号は海域の測量と、水や薪を探すため辺りの海を航海した。

10月8日——、われわれはジェームズ島に到着した。（中略）バイノー氏、この私、それに私の召使いが一週間、食糧とテントをあてがわれてここに残留した。そのあいだにビーグル号は飲料水探しだ。（中略）ほかの島でもそうだが、低地帯はほぼ全面的に、葉をつけていない灌木に覆われている。しかしここの樹木はどこよりも大きく育っていた。直径で二フィート、いや、二フィート九インチにまでなる木があった。雲があって湿気が保たれている高地は、緑ゆたかに植物を繁らせている。（『ビーグル号航海記』）

まだ夜が明けきらないうちに、マーベル号は、サンティアゴ島北西海岸カレタ・ブカネロ（バッカニア・コーブ）に到着した。カレタ（コーブ）は洞窟、ブカネロ（バッカニア）は海賊の意である。ガラパゴス諸島はその歴史的経緯から、ダーウィンがビーグル号で到来した当時、主要な島にはすでに英語の名前がつけられていた。エクアドルが領有権を確立したあと、地名をスペイン語化する動きが進んだ。島には聖人の名前、街や海峡には人名などが付された。

サンティアゴ島の英名はジェームズ島であり、ダーウィンはそう呼んでいた。なぜか、サンティアゴ島にはサン・サルバドル島という別名まである。イサベラ島はアルベマール島、フェルナンディナ島はナーボロウ島である。この物語では基本的に今、現地の人たちが使っているスペイン語名で表記している（巻頭・航海図参照）。

ボリバル海峡の「ボリバル」は、19世紀初頭、南米の諸国がスペインから独立する闘争を主導した軍人の名前。シモン・ボリバルは、コロンビア、エクアドル、ペルーなどを糾合した大・南米連合国の建国を模索したが、群雄割拠をまとめきれず失意のうちに死んだ。最初に立ち寄った水源のある島、フロレアナ（チャールズ）島は、エクアドル初代大統領フローレス将軍にちなんでいる。このときエクアドルの領有を大統領に進言した貿易商人ビジャミルの名前は、イサベラ島南部の港町プエルト・ビジャミルとして残る。

夜が明けて、海が青く光ってきたので、私たちはゴムボートに乗ってカレタ・ブカネロの海岸沿いの岩場を観察しに出発した。小さな岬を回ると海が開け、その先の海上にみごとな岩山がひとつ突き出していた。それはまるで巨大な手を持った海の巨神が、力任せに、荒々しくも巨岩を積み上げたような、そんな圧倒的な力を放って、どっしりとそびえ立っていた。岩肌は真っ黒だが、上半分は雪が降ったように真っ白になっている。ここを棲家にする鳥たちの仕業だ。何層にも積み上がった白い鳥の糞は、岩の上に独特の文様を描き出していた。まるで怪獣が虚空に向かって咆哮しているかのようだ。

その均整のとれた岩の形に、私はたちまち魅了されてしまった。それはちょうど正十二面体や正二十面体を見て、美しいと感じる感覚に似ている。幾何学的な秩序に対する愛、と言ってもいいかもしれない。

ボートをさらに近づけてもらった。どれくらいの大きさがあるだろう。岩山の土台の直径は20メートル、高さは15メートルほどだろうか。近づくにつれて、岩のあらゆる裂け目という裂け目、くぼみというくぼみに、それぞれ無数の海鳥たちが自分の陣地を作って、お互いに牽制しあっているのがわかった。飛びかっているのは、カツオドリ、アホウドリ、カモメのような海鳥たちだ。

人間が接近することのできない鳥の楽園と化しているのだ。幾何学的な秩序の上に、ガラパゴスの生命圏が自由自在に絡まりついている。そのダイナミズムにすっかり私は魅了されてしまった。

ボートで岩の周りを回りながら、私は急いでスケッチブックを取り出し、岩を写生してみ

「動的平衡岩」と（勝手に）名付けた岩

た。写真を撮るだけでは、岩のダイナミズムに近づけない気がしたのだ。岩の表面が主張する起伏や割れ目に触れることはできないけれど、せめて鉛筆を持った指先でたどらないことには、この岩の持つ生命の力を感じ取れないと思えた。

ネイチャー・ガイドのチャピさんに、岩の名前を聞いてみたが、「ここはカレタ・ブカネロだよ」と言うばかりだった。岩のひとつひとつに名前などないのだ。それなら、勝手に名前をつけさせてもらおう。これは、ガラパゴスの生命の自由自在さを象徴する「動的平衡岩」だ。

午後には、カレタ・ブカネロから少し南に下ったジェームズ・ベイから島に上陸した。ウェット・ランディングだったが、もう私は十分上達していた。ボートの動きと潮の満ち引きを見極めて、ヒョイッと海辺に降りる。

この辺りはちょっと開けた場所になっており、コンクリート製の基礎や土台の跡が残っている。20世紀の初め、ここで製塩業が試みられていたときの遺構ということだ。海の近くで、赤道直下、雨もごく少ないガラパゴスは、天日干しの製塩には向いていたが、問題は輸送だった。ここで作られた塩は本土に運ばなくては商品にならない。最初、製塩業は政府の事業として開始され、保護を受けていたが、やがて製塩が民営化されると、ガラパゴスの塩は競争力を失って、製塩工場は放棄されることになった。

数日間、サンティアゴ島に滞在していたダーウィンのもとに、ビーグル号が戻ってきた。結局、ビーグル号は以前に立ち寄った水源地のあるフロレアナ島、サン・クリストバル島に引き返すこと以外、水を手に入れる方法がなかった。サンティアゴ島からダーウィンをピックアップしたビーグル号は、ガラパゴスをあとにし、次の目的地、タヒチに向かうため、太平洋を西に進みはじめた。これでダーウィンのガラパゴス諸島探査の旅は終わった。後に、進化論で偉大な名を科学史に残すことになるダーウィンも、さすがに二度とガラパゴスを再訪することはなかった。

フロレアナ島―イサベラ島―ボリバル海峡（からフェルナンディナ島を観察）―サンティア

ゴ島をめぐったダーウィンの旅を、私もそのままたどることができた。

唯一、ダーウィンの旅路と異なるのは、ダーウィンがフロレアナ島の前に、最初に寄港したのが、サン・クリストバル島だったという点と、私たちは、ダーウィンが立ち寄らなかった島、サンタ・クルス島を起点として旅を開始し、またサンタ・クルス島に戻ってから、サン・クリストバル島へ行った、という点だ。この部分だけは、ダーウィンのビーグル号とは逆コースになっている。これはひとえに、ダーウィンの海洋航路時代と、現代の空路交通網の事情の違いである。ガラパゴス諸島とエクアドル本土を結ぶ空路の拠点が、サンタ・クルス島とサン・クリストバル島に作られたおかげで、今ではこの2つの島が、ガラパゴスでもっとも人口が多く、都市化が進んだ島となっている。サンタ・クルス島には、ダーウィン研究所があり、サン・クリストバル島には、ダーウィンの功績とガラパゴスの自然を展示した観光情報センターが作られている。

それはそれでたいへん充実した施設となっているのだが、サン・クリストバル島の街はすでにかなり観光化されてしまっている。私たちは最初からそこに行って予断を持つことを避け、まだまだダーウィン時代の面影を宿したフロレアナ島、そして完全に未開の地であるイサベラ島西岸からボリバル海峡を抜ける「ダーウィン」航路を選んだ。これは今にして思えば賢明な選択だった。最初にサン・クリストバル島の観光情報センターに行き、予備知識を得てしまうと、この旅も違ったものになってしまったはずだからだ。直にガラパゴスに触れる感激、生のピュシスを体験する驚きが半減してしまっていたかもしれない。

scene 3

岩の上のカツオドリ

ミッチ　岩の上にたくさんいるのは、ナスカカツオドリです。「ヒューヒュー」と鳴くのがオス、「グアーグアー」がメスです。ヒナやペアもいますね。ナスカカツオドリは結構遠いところまで餌を獲りに行くんです。

ペルーは世界有数の魚粉の生産地ですが、そこでカタクチイワシなどを獲っているので、ガラパゴスには来ないんです。そのせいでカツオドリの数も減ってきています。ガラパゴスは本土から約1000キロも離れていますが、本土の影響をかなり受けているんです。その点も問題だとカツオドリの研究者は言っていますね。

福岡　連鎖、つながりとして、鳥に影響が出ているということですか。間接的に自然に影響を及ぼしているんですね。

（岩の断層を見ながら）それにしてもすごい岩壁です。その都度できた噴火の堆積ですよね。

scene 4

ハイブリッドイグアナ

ミッチ　これは非常に面白い光景ですね。（写真手前の）背のトゲが高いのがオスのウミイグアナで、隣はメスのリクイグアナです。もしかして何か起きるかもしれません。

ハイブリッドイグアナ（2000年代後半、オスのウミイグアナとメスのリクイグアナの間に誕生した繁殖能力のない雑種）が生まれるサウス・プラザ島と同じ状態ですね。僕もその島でしか、この組み合わせは見たことがありません。

チャピ　さらに面白いのは、サウス・プラザ島のリクイグアナはハーレムを持っているんですが、ここには見当たらないということですね。ウミイグアナ（オス）がメスを狙っているように見えます。今が繁殖シーズンですから、ずっと待っていたら、本当に何かが起こる可能性があります。それにしてもリクイグアナの方が圧倒的に大きいですね。サンティアゴ島のウミイグアナは他の島のものより小さいと言われています。

＊　＊

ガラパゴスの好奇心

私たちが島の森林の中の細い小道を進んでいくと、突然、向こうから2頭の大きなゾウガメが進行してきた。私たちの存在に気づいたはずだが全く動じる様子もなく、そのままずんずんと歩いてくる。近づくにつれ、ゾウガメの呼吸音が間近に聞こえる。さすがに最接近するとすこしだけ躊躇したのか、一瞬歩みを止めたが、私たちが脇によって道を譲ると、そのまま何事もなかったように道の先を目指して行進を続けていった。

また、イサベラ島ウルビーナ・ベイでは、小道の茂みに大きなリクイグアナを見つけた。手を伸ばせば届きそうな距離だ。すぐ近くに一回り小さいリクイグアナもいる。オスとメスだ。どちらもじっとしている。恋を交わすそのタイミングを見計らっているのだ。私たちは、息を殺して彼と彼女を見つめた。イグアナたちが私たちの存在に気づいていないはずはない。静かに見守っているものの、ときに会話や撮影のための動きがあるからだ。しかし、彼らはその場を動こうとはしなかった。かれこれ20分はそのまま観察を続けただろうか。結局、何も行動は起こらず、恋は実らなかった。しかし彼らが私たちの存在を恐れている様子も全くなかった。

アシカもそうだった。海岸べりの岩のくぼみに横たわって昼寝をしているアシカの親子は、私

歩み進むガラパゴスゾウガメ
（イサベラ島　ウルビーナ・ベイ）

たちがどんなに近づこうとも微動だにしなかった。ただただ波の音を枕に惰眠を貪っていた。

ことほどさように、ガラパゴスの生き物たちは人間を全く恐れない。逃げもしないし、隠れもしない。彼らにとって、私たち人間は透明な存在であるかのように、全く意に介するそぶりを見せないのだった。

野生生物が人間を恐れないということは実に不思議なことである。日本にいると野生動物に遭遇する機会はほとんどないが、例えば山に行って、たまたまイタチやタヌキのような小動物が道を横切ったとしても、彼らはたちまち草むらに姿を消してしまう。街にいると雀や鳩、カラスなどの鳥を身近に見かけることが多いが、鳥たちは餌を狙っているだけで、決してある一定の線から近づこうとせず、安全距離を保っている。これが野鳥などになると、まだかなり離れているというのに、山道を行く私の足音に気づくと、もう遠くの方へ飛び去ってしまう。

ガラパゴスではそういうことが全くないのだ。どの生物も、手を伸ばせば届くほどの距離に近づいても逃げようとしない。そのまま指先で捕まえられそうなほどなのだ。

ダーウィンもまずこのことに驚いた。彼はこんなふうに描写している。

ある日のこと、私が横になっていると、マネシツグミが1羽やってきて、陸ガメの甲羅でこしらえた水瓶のへりにとまった。とてもおとなしく水を飲みはじめるのだ。鳥はそのまま陸ガメの甲羅のへりにとまったままでいた。私はこの鳥の脚を捕まえようと、何度も手をだした。あと少しでうまくいくところだった。昔は、鳥たちがもっと人を恐れなかったことだろう。(前掲書)

いったいなぜだろう。ひとつの仮説として、ガラパゴスの生き物たちが、人間世界から隔絶されており、人間のことをよく知らず、人間の恐ろしさに無知だから、という想定がある。ダーウィンもまずは同じように考えてみた。例えば、ガラパゴス島に来る前に立ち寄った南米突端のフエゴ島では鳥たちは人間を警戒していた。フエゴ島には古くから原住民がいて、鳥たちに脅威を与え続けていたからかもしれない。

しかし、彼はすぐにこの仮説を否定する。いくら絶海の孤島であったとはいえ、過去、数百年以上にわたって（ガラパゴスがベルランガ神父によって発見されたのが1535年、ダーウィンが接岸したのが1835年である）、何度も人間の侵入があり、ゾウガメたちはやすやすと捕獲され、次々と食料源となった。鳥たちもまた迫害を受けてきたはずである。だから、彼らが全く人間の残虐さを知らない、ということにはならないはずだ。

どうやらガラパゴスの生物には、人間の脅威というものは学習されていないようだ。あるいは、個々の生物が人間の恐怖を経験したとしても、それが世代を超えて伝承されるためには（つまり遺伝的に固定されるためには）膨大な時間がかかるようだ。一方、自分の国、イギリスの鳥を見れば、ひな鳥でも人間を恐れる。これは明らかに学習ではなく、本能的に人間の恐怖を知っているということだ。

種々考察した結果、ダーウィンは次のように結論した。

（『ビーグル号航海記』の記述を福岡が要約）

1. 鳥が人を恐れるのは本能である（なので、本能的に恐れない鳥もありうる）。この本能は、人間に対する用心深さを学習によって身につけること、それが世代を超えて伝わることとは別ものである。

2. 1羽1羽が迫害されても、その恐怖心が蓄積され、遺伝的な性質となることはほとんどない。つまり、野生動物において、あとから獲得された知識が子孫に遺伝する例はめったにない。

3. 結局、鳥が人を怖がるのも、怖がらないのも、先天的な遺伝的習性としか説明できない。

遺伝子の本体がＤＮＡであることも、何らかの形質が遺伝的に伝達されるためにはＤＮＡに変化が起こらなければならないこと（突然変異）も、まだわからなかったときのことである。弱冠30歳のダーウィンがここまで正確に、遺伝的形質（本能的性質）と獲得形質（個体が学習によって得た形質で、その一代限りのものとなる形質）について、明晰に区別して考えていたことはとてつもない慧眼で、これがのちのち、彼の進化論的考察につながっていくことの萌芽とみることができる。ある個体が努力して身につけた形質も（例えばピアノの技巧や、ボディビルディングのような特性）、あるいは学習によって何かに恐怖をもつことも、次の世代には遺伝しない。個体が学習や練習によって身につけた性質（獲得形質）はあくまでその身体内の仕組みの強化であって、遺伝子（特に精子や卵子）に変化を及ぼすことではない。だから、遺伝することはない。これが、獲得形質は「遺伝しない」という現代進化論（ダーウィニズム）の大原則となっている。

結局、ダーウィンは、ガラパゴスの鳥たち（生物たち）が、人を怖がらないのは、長い間、人の残虐さを知らなかったからではなく、たまたま人を怖がるという本能をもっていないからだ、というのである。

とはいえ、人間を恐れること（あるいは天敵を恐れること）は、ほんとうに本能＝獲得形質ではない遺伝的性質だろうか。

人間を恐れるためには、人間を他の生物と識別し、その存在や接近を察知し、そこから隠れたり、逃避したり、場合によっては威嚇したりする行動に結びつく必要がある。ここには認識や判断や選択と実際の反応が臨機応変に必要となる。このような複雑な行動様式は、単一もしくは少数の特別な遺伝子の作用だけでは到底、説明できない。つまり「人間を恐れる遺伝子」といったものを想定することは無意味だし、その有無だけで、人を恐れるか、人を恐れないかを説明することも無意味である。第一、1億年以上前から存在していた鳥たちの遺伝子に、ごくごく最近、鳥たちを捕るようになった人間の恐怖がどのように埋め込まれるというのだろう。

人間を恐れないガラパゴスの生物たちの不思議な行動様式は、もう少し多面的な考察が必要だと思う。

（またダーウィンはこのように付記している。）

一方、私たちが飼っている動物はわりと簡単に新しい知識が身につくし、その本能が遺伝することは身近に見慣れている現象だ。（前掲書）

レンズフードの中に飛び込むガラパゴスヒタキモドキ
(サンティアゴ島　プエルト・エガス)

私は今回のガラパゴスの旅で、この地の生物が、ただ本能にしたがって行動しているという以上のものがあることを強く印象づけられた。

ガラパゴスの生物たちは人間を恐れないだけではない。人間に興味を持っているのだ。好奇心さえ持っているといってもよい。それはたまたまだからではない。ガラパゴスという環境が、ガラパゴスの生物をして、そうさせているのではないか。

こんなことがあった。

サンティアゴ島の灌木の道を歩いていたときのこと。ガラパゴスヒタキモドキがすぐ近くの木でさえずっていた。フォトグラファーの阿部さんが写真を撮ろうと、長い望遠レンズに大きな筒状のレンズフードを取り付け

フィンに噛みつくガラパゴスアシカ
（イサベラ島　プンタ・モレーノ）

て、カメラを三脚に据えた。するとどうだろう。ガラパゴスヒタキモドキがわざわざ飛んできて、その大きな黒い筒の中にとまったのだ。それも一度だけではない。枝に飛び移っては繰り返し、繰り返し、レンズの中を覗き込むように筒の中に入ろうとホバリングし、実際に中に入り込んできた。おまけに、一緒にいた、一回り小さい、つがいのガラパゴスヒタキモドキもつられて飛んできて、筒の中でおしくらまんじゅうのように絡み合った。

まるで、この珍しい形の筒が、新しく巣をかけるのに適しているかどうか検分しているかのようだ。

これには一同、心底驚いた。なんでこんなに人懐っこいのだ。世界各地の密林で野生生物を撮影している阿部さんも「こんなことは初めてです」と言って笑っていた。鳥たちはひとしきりカメラの周りを飛び回ったあと、

マーベル号の横で、気持ちよさそうに泳ぐガラパゴスアシカ
（イサベラ島南部の海上）

近くの枝に移ったが、まだ私たちのことをうかがっていた。

ガイド役のミッチさんとチャピさんは、これは縄張りの示威行動かもしれない、という。でも私には直感的にそうではないと思えた。鳥たちの声や行為には威嚇的なアピールは何もなかったし、つがいのメス鳥も同じように振る舞っていた。なんだか喜々として。私にはこれが鳥たちの「遊び」にしか見えなかった。鳥たちは好奇心にかられて自ら飛び込んできたのだ。

また別のときのこと。私たちは、イサベラ島、プンタ・モレーノ付近の岩場近くの海に入ってシュノーケリングを楽しんだ。赤道の陽光が真上からさんさんと降り注ぎ、海は一面輝くような青だった。私たちのボート以外、周りには誰もいなかった。

マーベル号の上で並走するグンカンドリ
（イサベラ島北部の海上）

しばらく海中を眺めていると、どこからともなくアシカが近づいてきた。近づいてきただけではなく、アシカは水中カメラに向かって突進してきた。わっ、ぶつかる、と思ったその瞬間、アシカは華麗に身をくねらせて角度を変え、泳ぎ去る。でもまたしばらくすると、また私たちを構いにやってきてくれるのだ。目の前でぐるぐる回転しながら泳いだり、背後から迫ってきたり。泳ぎにかけて彼らの自由自在な身のこなしは人間の比ではない。それを承知で、無様な泳ぎ方をしている私たちと一緒に遊びたがっているようにしか思えない。足ひれ（フィン）を付けて泳いでいたミッチさんは後ろから追いかけられて、その先端を噛まれてしまった。しかしもちろん攻撃的にではない。からかいがてら甘噛みされたのだった。

私はガラパゴスの生物たちを擬人化しすぎ

ているのかもしれない。しかし、同じ生き物として、私は、ガラパゴス滞在中、ずっと彼ら彼女らの親愛の情と好奇心を感じた。主体的に選択してそうしている。あえて誤解を承知の上でいえば、彼らの自由な意思を感じ続けた。

後に、いろいろな人からいろいろな「説」を聞いた。海鳥が船と並走するのは餌が目当てだとか、楽に飛ぶための風よけのためだとか。確かにそういうこともあるかもしれない。でも、あのグンカンドリはそんな「目的」のために、私たちの船の上を一緒に飛んでいたのではないという確信がある。船は漁船ではなく、餌付けをしているわけでもない（ガラパゴスで野生動物に給餌することは禁止だ）。また、一緒にいたのは終始、たった1羽のグンカンドリで、鳥は風をよけていたというよりも、船を先導するかのように舳先の上を飛んでいた。それにグンカンドリが船と並走してくれたのは、今回のガラパゴス航海の中で後にも先にも、あの赤道通過の一瞬だけだった。鳥は、自ら進んで私とともに飛んでいてくれたのだ。鳥はただ私と一緒にいたかったのだ。私は「目的論」的に生物の振る舞いを説明するのがだんだんいやになってきた。

ガラパゴスの生物たちが、人間を恐れないのはなぜか。むしろ人間に興味を持つような行動をするのはなぜなのか。それはこんなふうに考えることができないだろうか。ガラパゴスの生物たちには「余裕」があり「遊び」を知っているからだ、と。その余裕はどこからくるのか。

ガラパゴスの成り立ちを思い起こしてみたい。ガラパゴスは海底火山の噴火によって太平洋上に突然現れた新天地だった。そこに到達できたのは、ごくわずかな選ばれし生物だけだった。大陸から海で1000キロも隔てられたこの溶岩だらけの場所に到達し、生存しえたのはひとにぎりの幸運な生物だけだった。熱や乾燥に強く、植物性の、それもごく限られた貧しい餌にも耐え、水もわずかしか必要としない。しかし一方、ひとたび生存が確保できさえすれば、彼らの周りのニッチはがら空きだった。

ニッチとは生態的地位のこと。旧大陸あるいは旧大陸に近い島嶼の生態系のニッチはほぼ満席である。狭い空間に多数の生物がせめぎあいながら何とか生存を維持している。活動時間を使い分けたり、高度を使い分けたり、食べ物をそれぞれ限定することによって、狭いニッチを棲み分けている。どうしてもニッチが競合するときは、自ら食う食われるの関係になることもありうるが、それも同一のニッチ共存のためのひとつの方法だ。食う食われるは、一方的な優位劣位の弱肉強食関係ではない。むしろ、互いに他を律し、他を支えつつ、結果として全体のバイオマスを増加させるための共存の方法だ。

対して、ガラパゴスのニッチはすかすかである。それぞれここに流れ着いた生物は自分の陣地を固めたが、それは離散的、偏在的で、互いに競合することがほとんどない。ガラパゴスゾウガメはリクイグアナの脅威とならないし、リクイグアナとウミイグアナは食べ物も生存区域も違う。個体数はそれぞれ十分にあり、それぞれのニッチで分散的で任意な群れを形成しているから、交配のための闘争もほとんど必要がない。それぞれの生物は自分の生存に自由度と余裕を享受しているのだ。

ニッチは個体が自ら生存を求める場所であると同時に、繁殖のための空間ともいえる。ニッチが限局されていればいるほど、そこにおける異性を求めての競合や闘争が激しくならざるをえない。縄張りも必要になる。競合や闘争に打ち克ったものが次世代を残すことになるから、ニッチが限られた世界で生存する生物はおのずと、ライバルの存在をいち早く察知し、あらゆる危険から身をかわし、できるだけ素早く、小賢しく振る舞って、メイトに成功できる個体が選抜されることになる。競合、闘争、そして交配が最優先されるニッチ世界では、遊び、冒険、好奇心といった生産に直接結びつくことのない行動、つまり「余裕」は、無駄なもの、いや、それ以上に不利なものとなってしまうだろう。旧世界で起きていることはまさにこういうことである。このような集団の内部で育った個体の行動は——それが遺伝子的にDNAに固定された形質とならなくても——集団内の文化的習性として、次世代に受け継がれていくはずだ（だから、一見「本能」とみなされるような行動様式も、実は、遺伝子の外側で伝達される文化的行動様式である可能性が大きい。この議論はまた別のところで行う機会があるだろう）。

ところがガラパゴスは旧世界とは全く違った環境を生物に提示した。そして、新世界たるガラパゴスに出現したがら空きのニッチでは、生物が本来的にもっている別の側面がのびのびと姿を表すことができた。それがガラパゴスの生物たちが示す、ある種の余裕、遊びの源泉なのではないか。生命は本質的には自由なのだ。生命は自発的に利他的なのだ。生命体は、同じ起源を持つ他の生命体といつも何らかの相互作用を求めている。互いに益を及ぼしたがっているし、相補的な共存を目指している。ガラパゴスヒタキモドキのアプローチも、アシカの突進も、グンカンドりの並走も、すべて主体的な余裕に基づく行動なのだ。そこには生存や生殖のための目的はなく、ただ好奇心や興味や遊びがあるだけだ。私は純粋にそう感じた。

ガラパゴスはそんな生命のほんとうのあり方を私にもう一度、思い出させてくれる場所になった。ガラパゴスは進化の袋小路ではない。ガラパゴスはあらゆる意味で進化の最前線であり、本来の生命の振る舞いを見せてくれる劇場でもあるのだ。

ガラパゴスで出会った生き物たち

ガラパゴスゾウガメ
Galapagos Giant Tortoise

世界最大のリクガメで、体長は1~1.5メートル、体重は最大で250kgを超える。

好物のサボテンのほか、草や木の実などを主に食べる。棲む地によって甲羅の形や模様が違い、湿気の多い高地に棲む、丸い「ドーム型」と、乾燥した地に棲む、前部がせりあがっている「鞍型」、その間の「中間型」に分けられる。

草が豊富な所に生息する、ドーム型のゾウガメとキイロアメリカムシクイ。

乾燥地の草が乏しい所には、高い所まで首が伸ばせる鞍型のゾウガメが生息する。

ウミイグアナ
Galapagos Marine Iguana

世界で唯一、海に潜るイグアナ。体長75～130センチで、生息する島によって大きさに差がある。平たく長い尾を左右に振りながら泳ぎ、海中に潜ると、長く鋭いカギ爪で岩にしがみつき海藻を食べる。太陽光を吸収しやすいように、だいたいが黒～灰色をしている。

繁殖期のオスは鮮やかな赤、赤緑色になる。

集団で生活する。太陽の方を向きじっとして身体を温めている。奥はガラパゴスベニイワガニ。

ガラパゴスリクイグアナ
Galapagos Land Iguana

体長は約1メートルで、体色は黒〜黄土色。寿命が60〜70年と長い。ウチワサボテンが好物だが、高いところには登れないので、サボテンの下や近くで実や茎、花が落ちてくるのをじっと待つ。

ウミイグアナより尻尾が短く、背のトゲ状のとさかや鼻孔は小さい。巣穴を掘るため爪はしっかりしている。

人間が近づいても恐れず、同じ場所でじっとしていて、ほとんど動かない。

ヨウガントカゲ
Lava Lizard

体長10〜30センチで、生息する島によって大きさや体色が異なる。テリトリー意識が強く、威嚇やメスへの求愛行動として、体を高く持ち上げ、前足を伸ばしてから曲げる「腕立て伏せ」をしたり、頭を上下に振る。

全部で7種。主に昆虫を食べるが、島によって花なども食べる。

オスはメスより大きく、背に棘状突起があり模様もはっきりしている。メスは顔、ノド、胸のあたりが赤やオレンジ色。

ガラパゴスアシカ
Galapagos Sea Lion

砂浜、岩場、船の甲板などで寝そべる姿が諸島全域で見られ、人が住むエリアでは人間に魚をねだったりもする。オスメスの体格差が大きく、オスは大きいもので 250 キロ、メスは 100 キロにおよぶ。砂浜では昼寝をしたり、水中では一緒に泳いだり、水面から顔をだして様子をうかがってきたりと、とにかく人懐っこい。

ガラパゴスオットセイ
Galapagos Fur Seal

アシカよりも体が小さく前足が発達しているので、岩場でも動きやすい。また体毛も多く寒さに強い。水温の低いエリアに生息し、夜行性のため、日中は溶岩の隙間などの日陰で、日差しを避けて寝ていることが多い。

ガラパゴスコバネウ
Flightless Cormorant

世界で唯一、その名のとおり羽が小さく退化し、飛べなくなった鵜《う》。天敵がいないことや、海から食べ物を十分得られることから、飛ばない方へ、そして潜水に有利な方へと進化したとされる。

イサベラ島とフェルナンディナ島に生息する。澄んだ青緑色の目が印象的。

水からあがると、羽をめいっぱい広げて乾かす。羽はまばらで短い。

ガラパゴスペンギン
Galapagos penguin

全長約 50 センチ。ごつごつした岩場の上でも軽快に跳ね歩き、直射日光を避けるために溶岩の割れ目などの日陰に巣を作る。海の中では翼で水をかき、餌を獲るときは猛スピードで潜る。

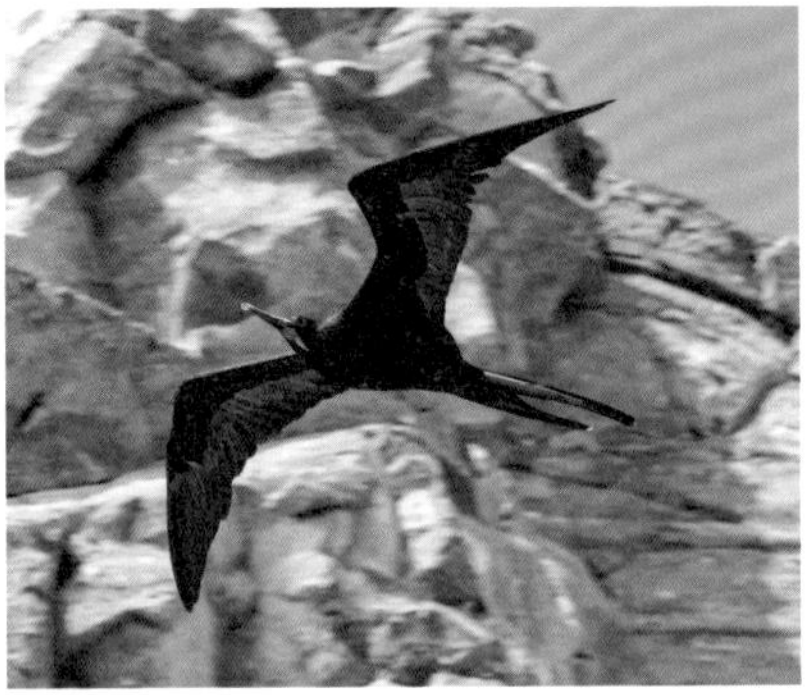

グンカンドリ
Frigatebird

体長約1メートル、翼を広げると2メートルを超える。ガラパゴスにはアメリカグンカンドリとオオグンカンドリが生息する。羽に撥水性がないので、海面スレスレを飛行して、曲がったクチバシで魚を引っかけて捕る。オスは真っ赤なノド袋を膨らませて、メスに求愛する。

カツオドリ
Booby

青い足のアオアシカツオドリ、赤い足のアカアシカツオドリ、茶色い足のナスカカツオドリの3種が生息する。それぞれ営巣地、生息地などは重なっているものの採餌場所が違うため、争いにはならない。足の色の違いは、餌に含まれるカロテノイド色素による。

ダーウィンフィンチ
Darwin's Finches

ガラパゴス諸島ほぼすべての島に棲み、13種に分類される。スズメほどの小鳥で、黒褐色の地味な羽色をしている。種によって昆虫や植物の種子、サボテンなど、食べるものが異なり、そのためにくちばしの形状も違う。小枝を使いこなすものや、カツオドリの血を吸うフィンチなどもいる。

ガラパゴスマネシツグミ
Galapagos Mockingbirds

全長25センチほどで尾が長め。ダーウィンも記しているとおり、好奇心旺盛で人間にも近づいてくる鳥として知られている。昆虫や木の実、小鳥のヒナ、腐肉、ゾウガメやイグアナについたダニなど何でも食べる。

ガラパゴスアオウミガメ
Galapagos Green Turtle

肺呼吸をするため、海面に浮上し顔を上げて息つぎをする姿が、船上からよく見られる。主に海草を食べ、砂浜の小高い所で産卵する。卵や生まれたばかりの子どもはブタやネズミ、他の鳥に狙われることも多い。

ガラパゴスベニイワガニ
Sally Lightfoot Crab

諸島の海岸で見られる、体長20センチほどの真っ赤なカニ。子どものときは敵から身を守るために、岩場に近い黒い体色をしているが、成長すると鮮やかな赤になる。横歩きだけではなく、前にも歩いたり、岩から岩へと飛び移ったりすることもできる。

スカレシアの花にとまる**オオカバマダラ**
（サンタ・クルス島）

マーベル号船内の明かりに飛んできた**ガ**
（イサベラ島）

ヒョウモンドクチョウ
南北米大陸に広く分布するチョウで、長距離移動する。トケイソウ属が食草。（サンティアゴ島）

ガラパゴスオオバッタの交尾
全長8センチほどで、黒い体色に黄色とオレンジ色の模様が目立つ。（イサベラ島）

コシブトホソミトンボの一種
(サン・クリストバル島)

花の蜜を吸う**ダーウィンクマバチ**
ガラパゴス固有種。(イサベラ島)

ハネビロトンボの一種
(イサベラ島)

つがいで産卵行動中の**ハネビロトンボ**の一種
(サン・クリストバル島)

サンタ・クルス島の**スカレシア**の林
乾燥低地に適応した1～2メートルの低木 12 種と、湿潤高地に適応する 10 ～ 20 メートルにも達する高木3種に分かれる。

スカレシアの花

雨季に葉をつける**パロサント**の林
乾季には葉を落とし白い枝だらけの枯れ木のようになる。樹脂を豊富に含み、濃厚な甘い香りを放つ。

実や茎や花はゾウガメやイグアナの食料となるため、それらが生息する島の**ウチワサボテン**は、食べられないように茎が木のように高く茂る。

プンタ・モレーノの溶岩の割れ目に生える**ヨウガンサボテン**。新しいトゲは黄色で、古くなると灰色になる。

ハシラサボテンの花と蕾と実

柱のように高く育つ**ハシラサボテン**

参考文献

『新訳 ビーグル号航海記 下』（チャールズ・R・ダーウィン著、荒俣宏訳、平凡社）
『ガラパゴス諸島――「進化論」のふるさと』（伊藤秀三著、中公新書）
『ガラパゴス博物学』（藤原幸一著、データハウス）
『ガラパゴス　太平洋のノアの箱舟』（アイブル＝アイベスフェルト著、八杉龍一・八杉貞雄訳、思索社）
『ガラパゴスの呪い――入植者たちの歴史と悲劇』（オクタビオ・ラトーレ著、新木秀和訳、図書出版社）

本書の地図は、ジオカタログ社製世界地図データRaumkarte（ラウムカルテ）を使用して編集・調製しました。

福岡伸一（ふくおかしんいち）
生物学者。1959年東京生まれ。京都大学卒。青山学院大学教授。米国ロックフェラー大学客員研究者。サントリー学芸賞を受賞。『生物と無生物のあいだ』（講談社現代新書）、『動的平衡』（木楽舎）など、"生命とは何か"をわかりやすく解説した著書多数。ほかに『福岡伸一、西田哲学を読む 生命をめぐる思索の旅』（小学館新書）、『迷走生活の方法』（文藝春秋）、訳書に『ドリトル先生航海記』（新潮文庫）、『ガラパゴス』（講談社）など多数。

Twitter　@fukuoka_hakase
YouTube　福岡伸一
note　note.com/fukuokashinichi

本書の内容は、映像や写真を多数収録し、
webサイト・noteに掲載しております。

写真
阿部雄介

アートディレクション
佐藤 卓　TSDO Inc.

装丁・ブックデザイン
林 里佳子　TSDO Inc.

取材協力
鳥居道由　ガラカミーノス・トラベル

生命海流 GALAPAGOS

2021年6月12日 初版第1刷発行
2022年2月24日 初版第3刷発行

著者
福岡伸一

発行者
原 雅久

発行所
株式会社朝日出版社

〒101-0065
東京都千代田区西神田3-3-5
電話 03-3263-3321 (代表)

印刷・製本
図書印刷株式会社

ISBN 978-4-255-01241-4 C0095